The End of American World Order

美国世界秩序的终结

[加] 阿米塔·阿查亚（Amitav Acharya）◎著
袁正清　肖莹莹◎译

上海人民出版社

中文版序言

THE END OF AMERICAN WORLD ORDER

本书旨在分析我们正在见证的世界秩序转型。美国治下的单极秩序已经终结。取而代之的是，我们拥有了一个新的秩序。我认为，称之为“多极世界”并不完全正确或恰当。多极是一个源自欧洲外交史的过时概念。我在这本著作里把这一世界新秩序称为“复合世界”(Multiplex World)。

多极的概念指的是由多个大国担当管理国际秩序主要行为体角色的国际体系。当下，这些主要行为体——秩序的缔造者和破坏者——不仅包括国家行为体，而且包括国际机构、公司、社会运动团体和恐怖集团等非国家行为体。与第二次世界大战之前相比，当前主要行为体间的关系表现出了更加深入和广泛的相互依存性——不仅是在贸易上而且在金融和生产网络方面的相互依存性，这些行为体还在气候变化、流行病和金融崩溃等跨国挑战面前同具脆弱性。

本书不赞同基辛格在其新书《世界秩序》中提出的建议，即新的世界秩序应当建立在维也纳会议（1814—1815 年）的基础上。带来欧洲大国协调的维也纳会议模式并不适合重组今天的世界秩序。它已经不合时宜了。我们不能回到过去、恢复国际关系的旧模式。

本书中展现的复合世界理念指的是由文化和政治上多元但经济上相互依存的多个行为体组成的世界，这个世界面临的复杂的全球威胁不能仅靠大型多边机构来应对，还要靠众多大大小小、公共和私营的机构和网络来共同应对。就像在一个多厅影院一样，今天的世界拥有多个演员、情节、制片人和导演。没有一个大国能在权力的各个领域占据主导地位。与美国学者约瑟夫·奈不同，我不认为21世纪的美国将在权力的三个领域——军事、经济和软权力——维持首要地位。在复合世界里，单个国家的霸权主义是不可行的。

复合世界对中国意味着什么呢？首先，复合世界给中国提供了确保全球和平与经济福祉的更多参与机会和空间。中国不再受制于美国的单极主导、美国及苏联的两极主导。它可以在世界事务中拥有更多的影响力、发出更多的声音，并且提供积极的领导。

第二，复合世界的经济相互依存度很高，中国可以运用其日益增长的经济实力来强化和拓展这种相互依存度，这对于维持世界和平与稳定是非常重要的。

第三，在复合世界中，中国（特别是在同金砖国家等其他新兴大国的合作关系中）能推动旧国际机制的改革并帮助建立新的机制。

包括联合国、国际货币基金组织、世界银行、世界贸易组织等在内的全球多边体系正面临危机。这些机制需要变得更加民主。我们看到包括双边、地区和多边安排在内的更碎片化的体系正在出现。一些是平行的机制，比如金砖国家建立的新开发银行，或者中国倡导的多边机构，如亚洲基础设施投资银行。这些机构不需要与现有的多边安排展开竞争。在一个比美国和西方占主导地位的旧体系更强有力和更民主的全球治理复合新结构中，中国等新兴大国需要确保它们与历史更长久的全球机制共存并互补。

我希望，这本挑战西方关于世界秩序主导思想的书籍能给中国读者带来启发，就像本书的英文版已经给美国及其他国家的读者带来了启发那样。当中国民众、学者和决策者寻求建立和维护21世纪全球和平与繁荣的新路径时，我关于复合世界的理念可能成为他们之间讨论和辩论的主题。

阿米塔·阿查亚

致谢

THE END OF AMERICAN WORLD ORDER

本书的初稿完成时，我尚在牛津大学圣凯瑟琳学院做克里斯滕森研究员（Christensen Fellow），当时是2013年的第三学期（Trinity term）。我很感激我在学院的研究同事，特别是我的学术主持人路易斯·福西特（Louise Fawcett），他们让我有机会获得这个无比珍贵的研究职位，我们之间相处得非常愉快，并且我在知识方面也收获颇丰。安德鲁·赫里尔（Andrew Hurrell）和邝云峰（Yuen Foong Khong）对本书的一些主题展开批判性讨论并做出应答，这让我受宠若惊。

2013年6月6日，牛津大学政治和国际关系系举办了一场由邓肯·斯奈德尔（Duncan Snidal）主持的讲座，这让我有机会在教师、学生和来访者面前讨论本书的观点和主张，也给这部作品画上了句号。

政体出版社（Polity Press）的路易丝·奈特（Louise Knight）鼓励我着手写这本书。2012年秋季，我在华盛顿特区的美利坚大学开设有关“新多边主义”的研究生课程，其间我与学生的讨论对本书论点的形成和提炼大有裨益。感谢路易斯·古德曼（Louis Goodman）教授不断鼓励我，并通读整篇文稿，还加以点评。我在美利坚大学的研究助手阿伦·拉约格（Allan Layug）、文字编辑海伦·格雷（Helen Gray）和制作编辑因迪亚·达西利（India Darsley）为本书的编辑提供帮助和安排，在此一并表示感谢。

本书核心论点的摘要或部分内容曾在以下的讲座或会议上报告过——2013年3月7日在南非的罗得大学（Rhodes University）、2013年3月11日在南非的开普敦大学（University of Cape Toun）、2013年4月26日在英国皇家国际事务研究所举办的环球会议（Transworld Conference）、2013年7月1日在日本的明治大学（Meiji University）、2013年9月19—20日在里约热内卢举行的关于“多极体系下的崛起大国和激烈竞争的秩序”。这些活动为我的论点提供了宝贵的反馈意见（和争议），在此我对活动的组织者表示感谢。

缩略语

（南非）非洲人国民大会	ANC	African National Congress
澳美新安全条约	ANZUS	Australia, New Zealand, United States Security Treaty
亚太经合组织	APEC	Asia-Pacific Economic Cooperation
东盟地区论坛	ARF	ASEAN Regional Forum
东盟	ASEAN	Association of Southeast Asian Nations
亚欧会议	ASEM	Asia-Europe Meeting
非盟	AU	African Union
基础四国	BASIC	BRIC plus South Africa, minus Russia
金砖四国	BRIC	Brazil, Russia, India, China
金砖国家	BRICS	Brazil, Russia, India, China, South Africa
金砖国家加墨西哥	BRICS AM	BRIC plus South Africa and Mexico
中央条约组织	CENTO	Central Treaty Organization
灵猫六国	CIVETS	Colombia, Indonesia, Vietnam, Egypt, Turkey, South Africa
信心和安全建设措施	CSBMs	Confidence and Security-Building Measures
欧洲安全和合作会议	CSCE	Commission on Security and Cooperation in Europe
非洲安全、稳定、发展与合作会议	CSSDCA	Conference on Security, Stability Development and Cooperation in Africa
七国集团	G7	Group of Seven
八国集团	G8	Group of Eight
二十国集团	G20	Group of Twenty
关税与贸易总协定	GATT	General Agreement on Tariffs and Trade
国内生产总值	GDP	Gross Domestic Product
国民总收入	GNI	Gross National Income
东非经济共同体	EAEC	East Asia Economic Caucus

东亚经济集团	EAEG	East Asian Economic Group
东亚峰会	EAS	East Asia Summit
西非国家经济共同体	ECOWAS	Economic Community of West African States
欧洲经济共同体	EEC	European Economic Community
欧盟	EU	European Union
欧盟安全研究所	EUISS	European Union Institute for Security Studies
东亚–拉美合作论坛	FEALAC	Forum for East Asia-Latin America Cooperation
海湾阿拉伯国家合作委员会	GCC	Gulf Cooperation Council
霸权稳定论	HST	Hegemonic Stability Theory
印度–巴西–南非俱乐部	IBSA	India, Brazil, South Africa
国际刑事法院	ICC	International Criminal Court
干预与国家主权国际委员会	ICISS	International Commission on Intervention and State Sovereignty
国际货币基金组织	IMF	International Monetary Fund
南方共同市场	MERCOSUR	Southern Common Market
迷雾四国	MIST	Mexico, Indonesia, South Korea, Turkey
北美自由贸易协定	NAFTA	North American Free Trade Agreement
北约	NATO	North Atlantic Treaty Organization
非洲发展新伙伴计划	NEPAD	New Partnership for Africa's Development
非政府组织	NGO	Non-Government Organization
美国国家情报委员会	NIC	National Intelligence Council
新的国际经济秩序	NIEO	New International Economic Order
美洲国家组织	OAS	Organization of American States
非洲统一组织	OAU	Organization of African Unity
经济合作与发展组织	OECD	Organization for Economic Cooperation and Development
购买力平价	PPP	Purchasing Power Parity
保护的责任	R2P	Responsibility to Protect
地区贸易协议	RTAs	Regional Trade Agreement
南亚地区合作联盟	SAARC	South Asian Association for Regional Cooperation
南部非洲发展共同体	SADC	Southern African Development Community

严重急性呼吸系统综合征	SARS	Severe Acute Respiratory Syndrome
上海合作组织	SCO	Shanghai Cooperation Organization
东南亚条约组织	SEATO	Southeast Asian Treaty Organization
英国	UK	United Kingdom
联合国	UN	United Nations
联合国安理会	UNSC	United Nations Security Council
美国	US	United States
苏联	USSR	Union of Soviet Socialist Republics
世界贸易组织	WTO	World Trade Organization
和平、自由和中立区	ZOFPAN	Zone of Peace, Freedom and Neutrality

目录

THE END OF AMERICAN WORLD ORDER

THE END OF AMERICAN WORLD ORDER

第一章

一个复合的世界

专家和决策者们用来描述新兴世界的词汇多种多样，比如“多极”（multipolar）、“多中心”（polycentric）、“无极”（non-polar）、“新极”（neo-polar）、“非极”（apolar）、“后美国”（post-American）、“零集团”（G-zero）和“不属于任何国家的世界”（no one's world）。[1]这些词汇反映出他们对美国在全球事务中地位和角色的看法存在差异性和不确定性。其中一些词汇探讨的是美国的“衰落”，与之有关的激烈争论一直没有得出令人信服的结论。很多美国人和一些局外人强烈反对“衰落论”。而那些勉强接受该论点的人往往会乐观地指出，美国建立的世界秩序已经被广泛接受且根深蒂固，并合乎法理，它将继续定义21世纪的世界，甚至有可能接纳（co-opt）其潜在的挑战者。他们还警告称，美国建立的世界秩序一旦崩溃，将带来多极对立、地区碎片化以及其他的一些灾难。

本书讨论的不是美国的衰落，而是“美国的世界秩序”（American World Order，缩写为AWO）的衰落。我将在第二章中简要讨论美国的衰落，它和“美国的世界秩序”的命运并非一码事，尽管两者在公开辩论中经常被混为一谈。不管美国本身是否在衰落，“美国的世界秩序”都正在走向终结。

这里先交代一下“美国的世界秩序”这一术语。我将这一术语和“美国领导的自由主义霸权秩序”[2]互换使用，后者反映的是美国在世界政治中影响广泛且尚未终结的霸权。“美国的世界秩序”或许更忠实于呈现“美国的”而非“霸权”的特点，[3]其范围和影响力被认为具有普遍性。而且，我对这一术语的理解部分建立在费正清提出的“中国的世界秩序”概念之上。在费正清看来，“中国的世界秩序”是以中国为中心、由中国主宰直至被西方强权毁灭的温和霸权（benign hegemony）。[4]这一秩序“围绕着优越感和等级制度建立，不涉及主权、以领土划界的民族国家或均势等概念，相反，这种秩序和统一体是由天子赋予的”。[5]但是，旧的中国秩序和第二次世界大战后美国建立的世界秩序之间存在重要差异。“中国的世界秩序”是宗藩体系（suzerain system），因此费正清使用的术语是“世界秩序”而非“国际秩序”。而“美国的世界秩序”是围绕有领土划界的民族国家建立的，虽然它对国家主权的尊重可能有些言过其实。[6]两者尽管存在差异，但也有共同之处，比如“长期存在的优越感和等级意识”（abiding sense of superiority and hierarchy）以及“体系是主要大国建立的特定秩序和统一体”的理念。更重要的是，“中国的世界秩序”这一概念叙述的是一种和平与仁慈——给朝贡国带来贸易和保护方面的益处（中国的皇帝薄来厚往），与之相似，美国建立的世界秩序也高度依赖霸权式仁慈——提供贸易、安全和多边合作等全球公共产品，霸权国付出的代价有可能是贸易上的不平衡，亦有可能是为外国人流血牺牲。[7]而且，正如“中国的世界秩序”不是真正的全球秩序，而是由周边（主要在东亚）的一群国家构成的那样，美国建立的世界秩序在很大程度上也不是真正的全球秩序。相反，它反映的是以美国为首的一群志同道合的国家（主要是西方国家）之间的关系。自由主义霸权秩序和世界秩序之间的重合感（sense of conflation）是前者面临的问题之一，本书的第三章将论及此事。但是，无论哪一种秩序都不像其支持者描述的那样仁慈。[8]

我在本书中考察的是“美国的世界秩序”这种构想的终结，目前尚不确定什么可以取而代之。很少有人能否认在可预见的未来，美国将继续在世界事务中扮演核心角色。“美国领导的自由主义霸权秩序”或者“美国的世界秩序”将存续，甚至是以“重构”（reconstituted）的形式存续。这是因为，在对“美国的世界秩序”或“美国领导的自由主义霸权秩序”的存续问题展开的辩论中，一个关键问题是，我们可能在“什么可能存续”和“可能以何种形式存续”这样的问题上产生了真正的分歧。有关旧秩序的神话（myth）并不鲜见。“美国领导的自由主义霸权秩序”是否真的以它们被介绍给我们的方式存在呢？如果这种秩序曾经存在，其成员、范畴如何？能够带来何种益处呢？那些关于该秩序的实际意义、发展程度以及带来益处的说法，尽管它们并非毫无根据，却有精挑细选、夸大其词之嫌。对于局外者而言，该秩序的范畴比其支持者描述的更为有限，该秩序的贡献也不像其支持者所说的那样仁慈。第三章中会论及该议题。

这些关于“美国的世界秩序”历史的问题尚未解决，我们在未来讨论该秩序时还会有更进一步的问题提出。如果该秩序在未来能够存续，它会被重构成何种形式呢？目前，关于其重构的性质和程度的观点还不够具体，无法作为可信的参考标准。这项工作并不轻松，需要进行认真反思和辩论。

这就引出了以下问题：若要让“美国的世界秩序”保留其关键特征（最重要的是美国领导或主导的特征），在重构中能作出多少改变？其挑战之处在于，我们对被改变或被重构的美国自由主义霸权缺乏清晰的图景。要确保这一秩序生存需要作出多少改变和调整？改变太多可能会使其失去关键特征和运作方式，改变太少意味着会降低其在世界政治的新形势下保持活力和有效运作的合法性。与此同时，对“美国的世界秩序”能依照其自身形象和利益塑造多边主义和接纳新兴大国的潜力有些夸大其词。被重构的美国霸权必须作出很大改变，并且适应而非接纳其他的力量和驱动者（包括新兴大国和地区集团）。它必须适应不那么受制于美国的权力和意图的新多边主义。

我所说的“美国的世界秩序”终结不只是“单极时刻”的终结（见第二章），还是美国霸权更长时期的物质和规范力量的终结。不论是从全球还是地区角度上讲，这种界定方式都会让其他方式黯然失色。自由主义霸权的概念一开始就有些虚构（mythical）的成分，不可能定义我们的未来。单个大国主宰全球（在英国和美国治下的世界）的时代已经结束了。

但这并不意味着“新兴大国”因为“美国的世界秩序”终结就能够以单独或集体的方式填补空缺。确切地说，它们的角色对于界定未来的世界秩序至关重要。但是，如果自由主义霸权秩序的理念建立在对“西方阴影”（shadow of the West）的夸张投射基础之上的话，很多对新兴大国角色的讨论就是以所谓“对西方以外世界的炒作”（hype of the rest）为基础的。在很大程度上，它们扮演的角色是阻止或扰乱“美国的世界秩序”的存续，而不是主动提供全球治理的替代方式。新兴大国之间缺乏团结、远见和资源，这使它们不可能以替代方式建构全球秩序。因此，守成大国和新兴大国之间的合作对于全球治理的未来是至关重要的。新兴大国单凭自身既不能代表替代性的或后霸权的全球治理结构，又没有探讨过这种可能性。而且，自由主义霸权秩序的说法常常贬低地区力量或将它们视为一种威胁，对新兴大国的炒作宣传忽略的事实是，确保地区的合法性是实现它们全球抱负的一个主要前提。第四章的中心话题是新兴大国在全球治理中所扮演角色的有限性。

支持美国世界秩序的叙述往往会为其衰落造成的影响绘制出一幅过于惊世骇俗的画面。多数美国评论人士认为，美国世界秩序的衰落对任何人都不是件好事。甚至那些不质疑美国已出现衰落迹象并且接受其为事实的人也希望衰落不会给美国和整个世界带来灾难性的影响。按照这种观点，“美国的世界秩序”的终结可能导致严重的多极对立，并将世界碎片化为相互竞争的地区集团，就像 19 世纪和 20 世纪初期的欧洲一样。我对这种危言耸听的观点提出质疑。尽管没有人能预测未来，我们却有理由相信，美国世界秩序的衰落对美国自身和世界其他地区可能是有好处的。

自由主义霸权的叙述不仅认为新兴大国可能会被融入美国的世界秩序，而且它们对全球和平与稳定的其他基础（比如地区主义）持否定态度。很多自由国际主义者通常都对地区秩序持不信任态度。美国对世界各地的地区主义一直是有所选择地支持或者漠不关心。

这些担忧可能被夸大了，因为地区和地区主义的性质和角色在第二次世界大战之后已经发生了显著改变。正如在第五章中讨论的那样，地区主义与之前相比不再强调极化（less polarizing），也更为开放。地区间主义的存在、非欧洲形式的地区主义兴起以及地区集团必须应对的跨国问题的扩散，这些都推动地区主义变得更为开放、包容和多维（multi-dimensional）。尽管地区主义自身并不足以建构全球秩序，它却是讨论世界政治的未来中不能被忽视的内容，并且在讨论美国世界秩序的未来时也值得人们高度关注。

我们应该如何想象这个去中心的、复杂的和多维的世界？约瑟夫·奈将世界政治的现有结构比作“复杂的三维棋类游戏”。棋盘有三层。顶层代表军事权力，它在很大程度上是单极的，并且在一段时间内会保持这种状态。中间层是已经多极化的经济权力。底层由跨国或跨境业务构成，全球社会运动、恐怖分子集团等非国家行为体很大程度上在政府管控之外运作。[9] 在底层，“权力处于混乱的分散状态”。[10]

但是，与棋类竞赛相似，约瑟夫·奈的比喻多是关于权力及其机制。具有讽刺意味的是，这一比喻并未将他引以为豪的“软实力”概念考虑在内（你在棋类比赛中会运用“说服”的方法吗？）。如果不使用霸权或极性等语言，将世界秩序形成可视化图像的一个更好的比喻是多厅影院（multiplex cinema）[11]——“一个能容纳多个电影剧场的建筑群”。在同一个多厅影院里，不同剧场内可能放映的是同一部电影，但更多时候，不同剧场内放映的是不同的电影。在一个复合的世界里，不同的导演和演员都在同时上演他们各自的节目。[12]

在多厅影院内，观众可以观看到不同类型的电影。其中一些可能是惊悚片和西部片，就像好莱坞风格的影片那样，以暴力、犯罪、粗犷和英雄主义为主题。还有一些像标准的宝莱坞影片那样，充满激情、悲剧和歌舞等内容。我们还可以看到在中国香港和中国台湾制作的功夫片，还有爱国主义宣传影片。还有一些是社会剧，就像越来越受欢迎的韩剧一样。和环球电影公司、哥伦比亚电影公司等知名影业公司出品的电影一样，独立电影（“indy” film，译者按：独立电影是指由个人或团体发起制作的成本相对较低的电影，该类电影最大的特点就是不依赖专业商业公司或制片厂，拍摄制作相对比较自由）也有很大的发展空间。多厅影院通常有一个或两个较大的剧场，能放映大片，也能放映各种独立电影。偶尔一些成本较低的电影也可能大受欢迎，吸引更多观众，并搬到更大的剧场。没有一个导演或制片人能够独占观众的关注或忠诚度。确切地说，有的电影特别轰动，而有的电影可能会彻底砸锅。观众有选择权，他们可以观看、欣赏和对比其中部分的或所有的电影。

第一章
一个复合的世界

我们生活的世界正在朝着多厅影院的状态变化，某种程度上已经进入到这种状态。自由主义霸权的美国支持者为我们展现的故事相当于在一个剧场一次看一场电影。继英国之后，美国的“电影”已经放映了一段时间。美国是这部电影（或许类似于约翰·韦恩（John Wayne）出演的西部片）的编剧、制片人和导演，同时还是主要演员。在复合世界中，有着不同情节、制片人、导演和演员的节目和美国的节目同时上演。在复合世界中，秩序的建立和管理更为多样化和去中心化，守成大国和新兴大国、其他国家、全球和地区实体以及跨国非国家行为体都会参与其中。后者既包括全球公民社会集团和规范倡导者等好的行为体，又有诸如“基地”组织、毒枭、人口贩卖者以及贪婪的公司等反面形象（尽管公司两种形象都有可能存在）。

在一个复合的世界中，不仅有“大片”（hits），也会有“烂片”（flops），比如一些新兴大国由于中等收入陷阱、国内不稳定或地区冲突的残存等因素而被炒作为正在走向衰落（印度、中国、巴西、南非和俄罗斯均有这些潜在可能）。虽然美国的演出可能会继续主导票房一段时间，但是观众在面临更多选择时可能还是会对其失去兴趣。正如多厅影院会放映不同类型的电影那样，领导力也是多元的，并且会以不同的风格和模式开展。然而，在同一个影院内就意味着它们需要共享一个建筑物，并且处于相互依存的关系。并且，在整个影院入口处的安全检查意味着集体和共同安全机制在发挥作用。

美国的权力是复合世界的重要组成部分。但是，与神秘的利维坦（Leviathan，在《圣经》中是一种象征邪恶的海怪）相比，它更可能是冰川时代体型庞大但生命力脆弱的猛犸象，或者是它的近亲大象。复合的世界将是一个充满多样性和复杂性的世界，是一个新旧大国并存、地区治理能扮演更重要的角色以及去中心化的秩序管理结构。

因此，世界秩序的未来并不在于恢复美国的霸权。它也不倚仗新兴大国单打独斗或与守成大国进行协调来实现。仅靠地区化的安全体系和经济合作亦不能满足建立新的世界秩序的要求。包括受约束但依旧重要的美国权力在内，这些因素都可能在不同程度上存在，并塑造未来的世界秩序。在此背景下，第六章考察了在守成大国、新兴大国和地区化秩序网络之间可能存在的中间地带，这个地带或许能更好地定义和塑造复合世界。

多极世界和复合理念之间的差异是双重的。至少在传统意义上，前者主要指的是国际体系中多个大国的存在和它们之间物质能力的分配。这一概念没有界定它们之间关系的质量，由此还引发争论（比如，多极是否比两极更稳定，这一问题将在第二章中讨论）。首先，复合理念强调的不是大国的数量，而是它们之间的相互依存关系。其次，复合世界比多极世界更加偏离中心，这就给本土和地区研究留下更多空间。在多极世界中，大国集体霸权能超越其他力量，但复合理念限制了这种可能性。复合世界允许观众对他们希望看到的内容有更多的选择权和操控权。在这方面，复合世界更多的是一种双向建构。制片人在编写剧本时，对需求方或者观众口味的变化更加敏感，即使他们也在试图用新的观念和潮流塑造和影响观众的选择（不过是以更加多样的方式提供这些内容）。总之，未来建立世界秩序的力量更加分散化，并且更加依赖观众而非制片人（大国）。

此外，在多厅影院里放映的这些电影是四维度的。三维度概念衡量的是长度、高度和深度。在复合的世界中，这些代指权力、地理范围和领导力，但第四个维度——时间同样非常重要。相比自由主义霸权理念下的单一、专断的视角，这种四维度的视角能够更加准确地反映我们过去和未来的世界秩序。根据这一视角：

高度代表权力的分配，用硬权力的传统概念定义，这构成了国际等级制度和国家间排序的基础。它是传统意义上的强权世界。我相信传统的权力政治不会从复合世界中消失，但权力配置的改变——包括美国的相对衰落（第二章），中国、印度和巴西等国的崛起——将重塑世界秩序的管理方式。这些新兴大国将足以有能力阻止向美国治下单极状态的回归，但它们却没有强大到可以独立主宰世界的地步（第四章）。

长度代表秩序的程度和扩散，它抓住的是全球范围内的地区秩序。冷战时期自由主义秩序的范围不包括苏联、中国和印度等大国（第三章），而冷战时期的两极秩序聚焦的是“中心战略平衡”和欧洲，将第三世界的地区冲突视为允许发生的事情，并且认为第三世界的地区秩序不重要。与两者不同的是，复合概念涵盖全球范围，具有跨地区性，但强调的是地区内和地区间的相互依存关系和制度（第五章）。

深度指的是秩序的质量、活力和合法性。质量和活力依赖于相互依存、多边机构、规范、软实力和民主合法性等条件。合法性要求包括更广泛的和包容的利益攸关方：国家、跨国市民社会和公司等。领导力超出了物质实力的范畴，依赖于观念和创新等具有企业精神的智力资源。传统的多边主义依赖于美国权力、西方领导力、政府间主义和全球互动水平，它正让位于以更广泛的行为体、议题领域和互动水平为驱动的更具包容性的模式（第三、四、五章）。

为了理解我们所处世界的复杂性，我们需要增加第四维度：时间。这一维度强调的是秩序的短暂性，吸引人们关注它的起点和终点。它还提醒我们，我们不能复制过去的秩序，除非有人发明了地缘政治的时间机器。对冷战后国际秩序的辩论很多都依赖于以欧洲为中心的史学中的假设和教训（第二章）。但是，欧洲历史上多极或单极状态的运作和结果没有给当今世界（多个国家同时崛起，即使它们位于不同的地理位置，也会在常规和持续的基础上互动）的稳定提供明确线索。

因此，不用渴望“美国领导的自由主义霸权秩序”，我们应当准备“大胆去走前人未走过的路”。

注释

1. “A Worrying New World Order,” *The Economist*（September 11，2008）；Fareed Zakaria，*The Post-American World*（W. W. Norton，2008）；Richard Haas，“The Age of Nonpolarity,” *Foreign Affairs*（May-June 2008）；Charles A. Kupchan，*No One's World*：*The West*，*the Rising Rest*，*and the Coming Global Turn*（Oxford University Press，2012）.

2. John Ikenberry，*Liberal Leviathan*：*The Origins*，*Crisis*，*and Transformation of the American World Order*（Princeton University Press，2011）.

3. 此处，我借用了鲁杰（Ruggie）有关多边主义的说法。在追踪多边主义兴起的过程中，鲁杰指出，“如果更仔细地观察第二次世界大战后的形势……能解释多边安排数量激增的与其所说是美国的霸权，不如说是霸权的美国属性”（择取原文重点）；John G. Ruggie，

"Multilateralism: The Anatomy of an Institution," in Ruggie, ed., *Multilateralism Matters: The Theory and Praxis of an Institutional Form* (Columbia University Press, 1993), p.8.

4. John K. Fairbank, ed., *The Chinese World Order* (Harvard University Press, 1968).

5. Paul Evans, "Historians and Chinese World Order: Fairbank, Wang, and the Matter of 'Indeterminate Relevance,' " in Zheng Yongnian, ed., *China and International Relations: The Chinese View and the Contribution of Wang Gungwu* (Routledge, 2010), p.46.

6. Amitav Acharya, "State Sovereignty after 9/11: Disorganized Hypocrisy," *Political Studies*, 55/2 (summer 2007): 274—296.

7. 对中美秩序的对比可参见 Yuen Foong Khong, "The American Tributary System," *Chinese Journal of International Politics*, 6 (2013): 1—47。

8. 有关中国的世界秩序的争论可参见 David C. Kang, "Getting Asia Wrong: The Need for New Analytical Frameworks," *International Security*, 27/4 (spring 2003): 57—85; Amitav Acharya, "Will Asia's Past Be Its Future?" *International Security*, 28/3 (winter 2003/04): 149—164。

9. Joseph S. Nye, "The Future of American Power: Dominance and Decline in Perspective," *Foreign Affairs*, 89/6 (November/December 2010): 2—12.

10. Joseph S. Nye, "Is America an Empire?" *Project Syndicate* (January 26, 2004).

11. 20 世纪 90 年代，日本外交官三岛佐藤（Yukio Satoh）曾经使用“复合路径”（multiplex approach）的术语来描述美国的双边联盟和新兴地区多边集团在亚太地区共存的现象。但是，佐藤没有将其比作剧场或影院，将这一术语局限于地区机构和联盟的应用上。

12. 参见 *The Miriam Webster Dictionary*，http://www.merriam-webster.com/dictionary/multiplex。

THE END OF AMERICAN WORLD ORDER

第二章

单极时刻的兴衰

“单极时刻”（unipolar moment）这一术语是在伊拉克1990年8月入侵科威特之后不久，由一位媒体专家而非学者最先提出的。[1] 1991年初，美国彻底战胜伊拉克独裁者萨达姆·侯赛因（Saddam Hussein），并将其占领军赶出科威特，之后该术语开始流行。确切地说，作为胜利方联军的领袖，美国时任总统老布什（Geoge H. W. Bush）淡化了美国的主导地位，提出建立以多边主义和国际合作为特点的世界新秩序。他于1990年9月11日在美国国会发表演说，指出世界新秩序将“使世界上所有国家，不论来自东方、西方、南方或北方，都能共同繁荣、和谐共处”。克劳萨默（Krauthammer）公然将单极描述为“美国治下的和平”（Pax Americana）。“我们已经进入‘美国治下的和平’时期。为什么要否认这一点呢？任何一个国家都希望身处美国的位置。为何要对此感到不安呢？”[2]

在那之前，多数分析人士最初都预测，冷战结束后，在全球和重要的欧亚地区会出现多极化。美国学者约翰·米尔斯海默（John Mearsheimer）预测，欧洲将“回到未来”，重现世界大战前大国对立的场景。他甚至表达了对冷战时期两极体系下稳定状态的怀恋。[3] 另一位美国学者阿伦·弗里德伯格（Aaron Friedberg）预测，亚洲将成为一个多极的“对立时机成熟”（ripe for rivalry）的地区。在他看来，亚洲的未来将类似于欧洲的过去。[4] 总的来说，美国专家都庆祝单极时刻的到来，认为这不仅是国际秩序的新阶段，而且是美国乃至全世界都期待的新发展。

在后冷战时代，单极时刻的理念对学术界有关世界秩序的争论产生了很大影响。克劳萨默等一些美国专家很谨慎，不去想当然地看待单极问题，认为它是一个“时刻”（moment）而非“时代”（era），多极还需要一代人的时间才能到来。威廉·沃尔福思（William Wohlforth）等其他专家则断言，单极将持续更长时间。作为“单极稳定论”的主要倡导者，沃尔福思提出，两极格局延续了近 45 年的时间，单极可能也会这样持久。[5]

还有另一种观点认为，单极只是一种“幻想”（illusion）。权力制衡或国家联合起来挑战某一霸权国的倾向，既是自然的，又是不可避免的，是国际政治规则的体现。其他大国挑战美国的主导地位，只是时间早晚的问题。[6]

最后，单极被证明是相当短暂的。当然，我们缺乏对“单极”概念的清晰界定，因此难以准确评估单极何时可能终结。沃尔福思将单极定义为“在权力的所有潜在要素——经济、军事、科技和地缘政治领域都拥有决定性优势”的状态。[7]这里的关键词是“决定性”。美国可能在一定时间内都会保持世界第一军事强国的地位。但是美国2003年入侵伊拉克的行动表明，超级军事力量并不会转化为地缘政治影响力，后者是单极稳定的主要要求。确切地说，巴拉克·奥巴马（Barrack Obama）2009年当选美国总统后，其外交政策已经扭转了小布什（Geoge W. Bush）单边主义时代的反美主义趋势。但奥巴马并没有提高美国的国际影响力。[8]对于美国而言，经济领域的形势更不乐观。一些（早期的）预测认为，中国最早会在2016年取代美国，成为世界第一大经济体。[9]即使单极时刻是真实存在的，它也比支持者想象或声称的更脆弱或者更不稳定。

单极会如何走向终结呢？克劳萨默提出，单极面临的最严重挑战并不是来自中国等竞争对手，也不是来自国内自由孤立主义者（liberal isolationists）——他们仍旧困扰于越战的记忆，反对为推行美国的价值观而开展海外冒险行动。相反，最严重的挑战将来自旧式孤立主义，信奉这一理念的传统保守主义者相信海外的利益瓜葛和任何类型的冒险行动都不能服务于美国的国家利益。但是，克劳萨默的观点并不正确——他之后承认了这一点。[10]主导小布什政府时期外交政策、推动单极时刻走向终结的并不是旧保守主义者，而是新保守主义者。具有讽刺意味的是，他们是通过推动克劳萨默设想的“美国治下的和平”这一雄心勃勃的议程来实现上述目标的。克劳萨默相信，只要美国领导人在面对敌人时能避免多边主义那种令人麻痹的痛苦，并且遵循坚定的外交政策，单极格局就可能延续下去。然而，小布什政府正是采取了这些政策——单极和单边主义的致命结合——才加快了他所珍视的单极时刻的终结。有人担心，单极面临的真正威胁可能是美国让单极状态持续下去的能力不足或者“做得不够”，[11] 这种担忧几乎是没有先见之明的。单极面临的真正威胁不是在单边主义方面做的太少，而是做的太多。

还有一些人认为，单极走向终结的主要原因是其他大国的崛起，单极面临的真正威胁既来自内部，又来自外部。到 21 世纪第一个十年末期，美国面对的不仅是其相对实力的衰落，而且包括绝对实力的衰落。后者不仅受到其入侵伊拉克行动的影响，而且和其内部的弱点和管理不善相关（将在后面讨论）。

我将这两种视角称作“单极幻想”和“单极稳定”，尽管存在差异，两者也有三点共同之处。第一，它们都同意国际秩序主要是由结构性因素（特别是权力的分配情况）塑造的。[12] 因此，理解世界和平与稳定前景的关键是极性（polarity）——权力的分配情况是两极、多极还是单极。但是，结构主义的透镜对于理解世界秩序并不是非常可信的向导，因为它经常忽视国内政治、国际机制和规范力量在塑造世界和平与稳定中扮演的角色。比如，国内政治，特别是全世界的民主化趋势，能极大地影响和平与稳定的因素。国际规范和机制在这一领域也已经变得日益重要。地区机制和规范对欧洲的稳定一直发挥特别关键的作用，对亚洲稳定发挥稍弱但依旧重要的作用。因而，单极时刻的命运不仅取决于其他大国的崛起导致的权力平衡的变化，而且也依赖于这些力量。就像在伊拉克战争之后兴起的反美主义浪潮所表明的那样，单极会招致抵抗，并且在规范的基础上也会遭遇挑战。

第二，结构主义经常会从狭义的角度理解“稳定”的含义。一个著名观点是，国际关系学界最杰出的结构主义理论家之一的肯尼思·华尔兹（Kenneth Waltz）将两极格局（比如冷战时期的国际体系）等同于稳定，将多极格局（第二次世界大战前的国际体系）等同于波动和冲突。[13]两极格局减少了两个超级大国间的误会、误解和困惑。“在一个两极世界中，不确定性有所减少，各种盘算也变得更容易。”[14]实际上，两极拓展了“两个（超级）大国关心的地理范围”，进而降低了国际冲突的可能性。而且，“两极世界的压力极大程度上鼓励它们（超级大国）以超出它们本性的方式采取国际行动”。[15]约翰·刘易斯·加迪斯（John Lewis Gaddis）进一步阐述了这一观点，他指出在两极关系中有“自我管理”的趋势。他总结称，冷战期间两个超级大国处理主要国际危机的意愿和能力，使它们应对国际威胁时的“自我管理”就像“飞机上的自动驾驶仪或者蒸汽机上的调节器”的运作方式一样。

本书中的“稳定”有何含义呢？华尔兹先是用其表示某一局势（situation）及其内部和平的持久性。之后，他改变了观点，将“稳定”仅定义为体系（system）的持久性。然而，两极的终结比华尔兹或其他任何人预料得更快。而且，世界上的多数地方也几乎称不上是和平。包括加迪斯和米尔斯海默在内，华尔兹的追随者都强调两极状态的好处。然而，这个有关“稳定”的观点令人难以信服。加迪斯在其“长和平”的文章中提出，“（两极世界）‘稳定论’最令人信服的论据是，至少到目前为止，第三次世界大战还没有爆发”。[16] 但是，他这一类似华尔兹的观点——将冷战视为“长和平”——仅适用于欧洲或“中心平衡”。超级大国采取了干涉措施或者也是因为这一点，因为地区冲突在第三世界此起彼伏。正如阿约伯（Ayoob）指出的那样，第三世界的本土和地区冲突不仅是“可允许”的，而且超级大国的干涉可能已经充当了必要的“安全阀”，后者在欧洲的环境下是无法获取的。[17] 因此，超级大国的对立实际上推动了而非抑制了第三世界冲突的升级，这导致内战的国际化和超级大国间竞争的内在化。

冷战后对单极的辩论将国际体系的和平包括在“稳定”的概念内。而“和平”完全被等同于没有爆发系统的或主要的大国战争这一状态。两种视角都忽略了内部和地区冲突以及对发展中国家的干涉行动或反恐战争。通过将单极等同于和平，单极稳定的论点是从狭义的角度看待稳定，忽略了那些可怕的困扰巴尔干、非洲大湖区、东帝汶、“9·11”事件之后的伊拉克和阿富汗的地区冲突以及反恐战争等问题。国内和本土冲突或反恐战争的连带损失都不被视为和平威胁。“单极稳定”和“单极幻想”这两种视角均信奉国际关系的现实主义理念，相信单极的终结意味着更加严重的全球无序状态。[18]更有趣的是，在自由主义对世界秩序的看法中也可以找到类似的将和平与美国权力的优势地位相等同的观点。因此，美国的一些自由主义理论家（将在下一章中讨论）声称，“美国领导的自由主义霸权秩序”（单极的一种形式，只不过通过美国战略克制和美国发起的多边机制实现了合法化）很大程度上是有助于和平的，它的终结将意味着国际体系的不稳定和无序状态。

第三，结构主义对世界秩序的看法经常建立在那些以欧洲为中心的证据基础上。米尔斯海默在“回到未来”中对冷战后欧洲的预测及弗里德伯格（Friedbeg）在“对立时机成熟”（ripe for rivalry）中对亚洲的展望，均是以第二次世界大战前欧洲的情况为论据。“单极幻想”意指单极状态的稍纵即逝和挑战者的崛起，其论据也来自欧洲，包括17世纪后期法国崛起和18世纪晚期英国崛起之后发生的各种情况。“单极稳定论”的论据是，当前美国领导下的单极与以往权力集中程度最高时的单极——比如1860—1870年时期（英国在欧洲）和1945—1955年时期（冷战）如何不同。沃尔福思期待让我们相信，当前的单极状态比以往都更为现实，因此可持续的和平将更有可能。

尽管对单极时刻的争论都围绕着从西方历史和地缘政治（比如欧洲战争和冷战的“中心战略平衡”）中汲取的教训展开，当今世界正迅速朝着一个没有历史先例的情况发展——地理位置不同的数个国家同时崛起，并定期不断地展开互动。尽管历史上也曾出现大国分布于世界不同地区的情况，但那时大国总是处于相对隔绝的状态。如今，全球化以及随之而来的交通和通讯革命、新的军力投送技术、全球机制和规范的兴起以及跨国行为体（既包括人权倡导团体等积极角色，又包括跨国犯罪集团等黑暗力量），使大国在全球范围内影响国际秩序成为可能和必要。因此，这个世界不能用传统的以欧洲中心为极的编纂（the traditional Eurocentric historiography of polarity）来描述。在“非西方世界崛起”等夸张说法的影响下，等到世人认识到这一点时，美国霸权主义传统话语中的一个要素——可被称作自由主义霸权秩序理论或者没有霸主的霸权主义——将卷土重来。

虽然不必为结构主义有关国际秩序的观点辩护，但值得指出的是，大国数量的增加并不必然带来国际体系的混乱和无序。华尔兹将两极体系有助于稳定的属性和多极体系的内在危险进行对比。“在多极世界中，谁对于谁是危险的经常是不明晰的；因此，关注并竭尽所能地应对所有会导致失衡变化的动力也会减弱。”[19] 米尔斯海默认为，两极体系只有一个是可能引发战争的二分体（dyad），多极体系更富有流动性，拥有很多这样的二分体，因此多极体系让战争变得更有可能发生。[20]

然而，从严格的现实主义视角来看，国际体系中多个大国的存在也有可能抑制冲突。科普兰（Copeland）指出，多极体系下可能不太容易发生战争，因为那些希望发起侵略的国家不能确定其他大国会不会形成抗衡同盟。[21] 通过扩大潜在的抗衡同盟的规模和力量，也能抑制侵略活动。举一个当代的例子，作为唯一有潜力从事大规模领土扩张活动的亚洲强国，中国的遏制方不仅包括美国，而且包括日本和印度。在多极情况下，威慑可能更容易，因为更多的国家可以集结在一起，用压倒性的力量对峙一个特别富有侵略性的国家。[22] 多伊奇（Deutsch）和辛格（Singer）认为，在多极状态下，“任何国家能赋予其他国家的关注度必然减少”。因此，周边地区冲突升级的潜力有限。[23]在他们看来，多极也有可能“对军备竞赛产生抑制效果”。[24]

多个大国的存在也可能促进更进一步的国际合作。多伊奇和辛格指出，国际体系中拥有多个大国能提高“互动的范围和灵活性”。[25]互动机会的增加给大国的战略设计带来了压力，可能导致交互利益形成。某一大国对敌对战略联盟成员的敌意可能被它对同一联盟其他成员的正面情感平衡。举一个当代的例子，中国对美国的竞争性本可能会被希望与更亲美的巴基斯坦或东南亚国家保持良好关系的意愿平衡。多极也可能推动多元共同利益，[26]带动合作，就如同19世纪初欧洲体系发生的情况一样。

而且，那些对单极时刻展开辩论的人似乎忽略了一点事实——全球和地区的权力分配存在严重脱节。[27]在冷战时期的很多时候，亚洲地区的三极状态达到的却是（全球）两极的状态。不同的地区可能展示不同的权力分配类型。即使在全球层面存在单极时刻或美国霸权，它几乎肯定会和亚洲的多极或两极地区秩序共存。因此，在考虑全球权力配置的情况下，对稳定的预测不一定能捕捉到地区安全秩序的动态。这一问题因在评估亚洲等关键地区极性方面存在难度而变得复杂。亚洲的新兴秩序是单极、两极还是多极？在过去的20年中，这三种场景都曾经出现过。[28]尽管中国在正式场合寻求推动全球多极化，批评者指出，亚洲未来的地区权力结构很可能是两极，多极会在全球层面出现。这些不确定性让主要以全球层面权力分配为基础作出有关稳定的预测的理论缺乏说服力。它们也引发各方对地区秩序状态的高度关注。

衰落主义的兴衰

冷战结束后，单极和国际稳定之间的关系成为各方就世界秩序展开辩论的核心问题。在这场辩论中，没有对美国衰落的正式认可。“单极时刻”的说法让保罗·肯尼迪（Paul Kennedy）在其1987年的《大国的兴衰》一书中关于美国衰落的论点黯然失色。[29]他的“帝国过度扩张”（imperial overstretch）论点被埋葬在柏林墙的废墟中。当时，“新兴大国”的术语尚未出现，这是在高盛公司2001年提出“金砖国家”一词之前。但是，自从美国2003年入侵伊拉克后，对美国权力和世界秩序的讨论就不再那么关注极性，而是更关注美国霸权主义的命运和未来。这一辩论更多的是关于西方的衰落和其他地区的崛起的问题。

从一开始，关于美国衰落的辩论就有一条警告：专栏作家埃兹拉·克兰（Ezra Kline）写道，有关美国衰落的说法“模糊得令人恼火”。他继续指出：“对美国而言，衰落意味着什么？我们是在谈论我们相对于其他大国的地缘政治影响力？还是我们相对于其他国家的生活水平？抑或是将我们现有的生活水平与对其应该提高速度的设想相对比？”[30]

最新一轮围绕“美国衰退”的辩论和此前保罗·肯尼迪引发的辩论之间有三点主要不同。第一，后者主要围绕美国在地缘政治方面的过度扩张带来的成本和后果的问题。现在的辩论主要围绕衰退背后可能存在的更多样原因的问题：既有国内因素，又有外部因素，比如减税、经常账目赤字、技术在全球的扩散、治理僵局（gridlock governance）、对美国偿还债务能力的质疑、穆迪给美国信用评级的降级、医疗成本的增加、预测债务与国内生产总值（GDP）之比到2016年超过100%以及由此引发的对美元作为储备货币地位的怀疑等。[31]当然，肯尼迪的帝国扩张论也有回音。被视为美国历史上最昂贵战争的阿富汗战争和伊拉克战争的直接和间接成本共计6万亿美元，仅伊拉克战争的直接政府支出就高达2万亿美元。[32]

第二，虽然外部力量和外部竞争在两次辩论中都被提及，但在最近一轮辩论中，美国的主要对手不是日本或德国，而是中国和其他新兴大国，后者在第一轮辩论时还没有崭露头角。1987年保罗·肯尼迪的书出版时，中国的改革持续时间还不到10年，印度的改革尚未开始。1987 年，中国的 GDP 已经达到 6 786.61 亿美元（或者 0.6 万亿美元）。2012 年，这一数字已经达到 12.4 万亿美元（以购买力平价计算）。1987 年，中国的 GDP 在世界排名第 9。今天，它排名第 2。

第三，前一轮有关衰退的辩论是在对里根时期经济复苏的乐观中展开的。里根竞选连任时的口号——“美国再度迎来早晨”（it’s morning again in America）——很容易就使超级大国走向衰落的理念黯然失色。不出所料的是，那次辩论持续的时间很短暂。它的剩余部分随着 1991 年美国对萨达姆·侯赛因的胜利和苏联的瓦解而消失殆尽。新辩论开始的背景是，小布什初期对“已完成使命”的乐观情绪迅速让位于伊拉克战争重陷越战式泥潭、克林顿时期的财政盈余迅速转变为赤字新高的情况。因此，这次超级大国承受巨大压力的客观指标非常明显。小布什单边主义外交政策引发的反美主义浪潮增加了美国软实力的赤字，进一步验证了这种观点。这或许可以解释后一轮辩论为何一直延续至今。

与前一轮类似，新一轮的美国衰退论已经在美国政界和学者中间引发了激烈辩论。辩论主要围绕三个领域，可以将它们归纳为：“狼来了”综合征、“仿生人”论（“bionic man” argument）和“罗马帝国”的比喻。

“狼来了”的辩论一方因为之前听过“衰退说”而对之不予理会，另一方则认为“狼”这次确实已经来了。“仿生人”论的辩论一方称美国的经济和影响力将以足够快的速度恢复，另一方则认为衰退主要是相对的，美国的竞争对手将表现得更好并更快地赶上来。罗马帝国的比喻是由反衰退论阵营（anti-declinist camp）中的主要人物——约瑟夫·奈（Joseph Nye）提出的。约瑟夫·奈指出，美国的衰退，如果发生过的话，将类似于罗马帝国的衰退，是一个缓慢的过程。当然，明显的反例是，英国超级大国地位的衰落并没有花费那么长的时间，而且在君士坦丁堡的东罗马帝国遇到奥斯曼土耳其这个对手之前，罗马帝国并没有什么真正的、同为帝国的对手（约瑟夫·奈正确地指出，罗马帝国输给了野蛮人）。美国作为占统治地位但正在走向衰落的霸权国，虽然不像罗马帝国，却与20世纪初的英国相类似，它的确面临一些实力相当的挑战者，最重要的就是中国。因此，美国的衰落可能不会如罗马帝国那样需要200多年的时间。

在罗伯特·卡根（Robert Kagan）这位热心的反衰退论者看来，现在对美国衰退的担心在第一次世界大战后或者在20世纪70年代越南战争时也出现过，当时也是经济困难时期。这并没有什么新奇之处，只是对“极为焦虑的”（neurotic）超级大国的一种反应。[33]他指出，自 20 世纪 70 年代初期以来，美国 GDP 占世界 GDP 的比重一直维持在 25% 左右。[34] 但是，芝加哥大学的罗伯特·佩普（Robert Pape）认为，美国已经历了自 19 世纪中期以来任何一国所经历过的最显著的衰退之一的情况。佩普将国际货币基金组织（以下称 IMF）的数据和 2000 年的美元不变价格（constant 2000 US dollars）作为测量标准（卡根在分析中运用的是美国农业部数据，以后一种美元不变价格为标准），[35] 计算的结果是，美国 GDP 占世界 GDP 的比重从 2000 年的 31% 下降到 2008 年的 23.1%，下降了 7.7%，下降比例显著；在对应的时期，中国 GDP 占世界 GDP 的比重从 2% 增加到 7%。[36] 英国《金融时报》的吉迪恩·拉赫曼（Gideon Rachman）在谈及“狼来了”时表示，“该寓言经常被忽略的一个事实是，那个男孩最终被证明是正确的。狼的确来了——中国就是那匹狼”。[37]

一些反衰退论者提出，真正的衰退并不是发生在美国，而是在欧洲和日本。事实上，美国 GDP 占世界 GDP 的比重能得以维持，很大程度上是因为西欧和日本的 GDP 所占比重的下降。因此，沃尔特·拉塞尔·米德（Walter Russell Mead）提出：“如今衰落的是这个三边体系，而非美国的权力本身。”[38] 但是，克莱德·普雷斯托维茨（Clyde Prestowitz）等其他人却质疑这一观点——在过去 20 年中，美国的经济表现一直胜过其盟友。20 世纪 90 年代末和 2002—

2008 年的高增长时期实际上是两个“高度具有破坏性的泡沫”。并且，由于美国的人口增长率和通货膨胀率都更高，美国和日本采用不同的方法计算生产率，在过去 20 年当中，美国和日本的表现并没有“非常大的差异……如果日本已经经济停滞，美国也是如此”。[39] 而且，正如库普乾（Kupchan）所说的“美国霸权的集体方面”，即使美国经济对比欧洲和日本存在相对成功，这对美国也不可能是慰藉。美国霸权建立在三边体系（如欧洲和日本的参与和支持）的基础之上，它们的困境对美国而言几乎没有好处。[40]

另一种反对美国衰退论的观点认为，即使新兴大国获得相对于美国的财富增长，它也不一定会转化为更多的权力或影响力。卡根以印度为例指出，即使今天的印度经济已经明显改善，但其国际影响力与 20 世纪 50 年代和 60 年代相比可能有所减弱。[41] 当时，印度虽然经济上贫穷，但却是不结盟运动的领袖，国际声望很高，这很大程度上是因为它从英国统治下寻求独立时具有感召力的非暴力斗争，同时也和尼赫鲁的个人魅力和积极外交有关。但是，印度声望的提高还有一个前提——其他后殖民国家希望印度能胜利并通过其经济发展给其他国家指明道路。印度没能做到这一点，并且其他亚洲国家的经济表现更胜一筹，印度的国际影响力因此大幅下降（其他因素也促成了这一结果：1962 年印度在同中国的战争中败北、国内不稳定以及因为与苏联集团的关系密切而与西方联盟关系紧张，等等）。卡根认为，印度到现在为止还没有真正达到那么富裕的程度，20 世纪 90 年代初经济改革开始后，其政治影响力实际上已经有所恢复，已进入新兴大国之列。如果印度经济继续照此速度发展，其全球影响力很可能会继续改善，它将在 21 世纪的主导国家（leading nations）中获得一席之位。实际上，印度要实现其全球地位和影响力的提升没有其他路径。

对美国的未来持乐观态度的人认为，其他一些国家财富或军事能力的提升让世界更需要美国发挥领导作用。约瑟夫·奈指出，“印度、日本和其他国家试图平衡中国的权力，它们将更加欢迎美国的存在”。[42] 在亚洲就能找到这方面的例子，中国周边的几个国家都在寻求与华盛顿建立更紧密的政治和安全关系。然而，当前的形势要比约瑟夫·奈所展现的复杂得多。对华盛顿的追捧（courting）并不是一个早已注定的结果。它并不取决于中国崛起的本身，而是取决于中国实际的外交政策和安全行为。事实上，多数亚洲国家直到 2009 年中国放弃其“魅力攻势”、变得强硬时，才寻求平衡中国。与之相一致的是，因受到来自中国的挑战、从伊拉克和阿富汗撤军等因素的影响，美国也“转向”亚洲。这是亚洲国家对美国的存在（被作为既成事实展现给它们）看似表示欢迎背后的推动因素之一。

然而，亚洲人并不希望看到中美竞争的加剧：对他们而言，正如一些人所说的那样，“再平衡过多可能和过少一样糟糕”。

确切地说，在评估美国的相对衰落时，必须考虑的因素是印度、中国、巴西、墨西哥及土耳其等新兴大国在经济、军事和政治等方面都有弱点。这些新兴大国面临的挑战包括“中等收入陷阱”（如同日本和韩国所经历的增长显著放缓的时点）[43]、国内不稳定、人口增速放缓以及卷入地区冲突，等等。相反，美国的国内力量和外部力量依然强劲，比如它的大学、在科技和创新方面的领导力、对移民的开放程度、在全世界的同盟关系以及它对多边主义（我们经常被提醒，多边主义也不过是美国的机制）的承诺。约瑟夫·奈将绝对衰落和相对衰落区分开来，并指出美国经济仍然高效，该国“研发的整体支出世界第一，大学排名世界第一，诺贝尔奖得奖数量世界第一，企业指数世界第一”，美国是世界第七大最富有竞争力的经济体，而中国排名第 29 位。“这几乎不是绝对经济衰退的图景。”[44] 但是，与绝对衰退有关的图景并不总是那么一片大好，比如，收入不平等的增加、基础设施的衰败以及美国从世界最大的债权国转变为最大的债务国。[45] 到 2050 年，美国的人口数量预计还能增加超过 1 亿，劳动力数量增长 40%，这将使其享有相对于中国（老龄人口增加和劳动力人口下降将同时出现）、俄罗斯和欧洲的人口增速优势。[46]

从军费开支水平判断，美国的军事实力还没有受损，至少到目前为止还没有。美国的军费开支从2000年相当于北约（NATO）所有非美国成员开支总和的1.7倍提高到2010年的超过2倍，比同时期中国的军费开支高出7倍，2010年美国的军费开支比中国的高出9倍。[47]但是，中国的军费开支在绝对数量上也在增加，远程核导弹、地区封锁能力等关键的防御能力也在提高。[48]与此同时，受到预算压力和从伊拉克、阿富汗撤军的影响，美国已经在削减国防开支。总之，美国在教育、人口和军事方面的相对实力很重要，它们能证明奥巴马总统在2012年的国情咨文演讲中说法——“那些告诉你美国正在衰退或者我们的影响力已经下降的人根本就不知所云”——是公平合理的吗？

如果以相对价值计算，它们就不能证明这一说法的合理性。2000年，美国的GDP是中国GDP的8倍，2010年这一比例为不到3倍。同一时期，尽管美国经济也在不断增长，其占二十国集团（G20）成员GDP总量的比重却下降了19%。[49]到2030年，发展中国家GDP总量占全球GDP总量的比重将接近60%。[50]过去10年中，与西方国家相比，发展中国家在全球经济中所占比例迅速提高。若以购买力平价（PPP）为基础计算，它们所占比例从34%提高到了44%。2009年7月1日公布的国民总收入（GNI）预测显示，该年度，发展中地区占全球经济的比例已经从2000年的18%增加到28%。若以购买力平价为基础计算，它们所占的比例已从34%提高到44%，中国仍是全球第二大经济体，仅次于美国。巴西、俄罗斯、印度和墨西哥位居全球15个最大的经济体之列。[51]但是，到2060年，中国和印度的GDP占全球GDP总量的比例将分别达到27.8%和18.2%，两者之和将高于经济合作与发展组织（OECD）——中国、印度和其他发展中国家的GDP总量占比（57.7%）将超过发达国家（42.3%）。[52]当然，西方的预测（至少在某些情况下）也会对奥巴马的乐观表示质疑。比如总部位于布鲁塞尔的欧盟安全研究所（EUISS）和美国国家情报委员会（NIC）就曾对2030年的全球趋势发布了两份报告。前者是欧盟负责外交、安全和防御政策分析的官方机构（其自称是独立自主的机构）。后者是美国政府的官方分支机构，隶属于美国国家情报总监办公室。

欧盟安全研究所的报告题为《全球趋势2030》(《EUISS 2030报告》)[53]，提供了对2030年全球权力结构的有趣分类。美国、欧盟、中国、印度和巴西被列为大国；俄罗斯和日本被描述为不确定的大国（“对一些大国具有不确定性”）；印度尼西亚、南非、土耳其、墨西哥、德国、英国和法国被列入“崛起中的中等强国”；最后，尼日利亚、巴基斯坦、埃及和伊朗被称作不确定的中等强国。2030年世界上五个最大的经济体（以占全球 GDP 的比例计算）将是中国（23.8%）、美国（17.3%）、欧盟（14.3%）、印度（10.4%）和日本（3.5%）。

《EUISS 2030 报告》指出，到 2030 年，尽管美国将遭遇相对衰落，并且无法维持现有的军事开支水平（目前美国军事开支占其 GDP 的 4.8%），它很有可能仍是主要的军事大国，也将是拥有全球军事部署能力的唯一国家。不过，美国届时很可能将通过更广泛的联盟来投送其军事力量，除非其至关重要的国家利益遭到了威胁，或者遭到直接攻击，在这种情况下，单边行动也是一种选择。到 2030 年，中国可能不仅是主要的经济大国，而且是拥有最大比例物质权力的国家。从现在开始的 20 年后，中国很有可能拥有世界上最强大的航空航天实力，也可能成为世界上主要的军事力量。它现有的长期军事开支计划将使其拥有强大的防御能力和非常占据优势地位的地区角色，但是它很可能无法将权力果断地投送到亚太以外的地区。到 2030 年，中国和印度的人口均有可能从 12 亿增加到 15 亿，两国 GDP 之和将占全球经济的 34%，中国和印度也将分别成为世界经济第一大和第四大经济体。美国国家情报委员会 2013 年 12 月公布的《全球趋势 2030 报告》(以下称《NIC 2030 报告》）预测，到 2030 年，亚洲的全球权力（以 GDP、人口规模、军事开支和科技投资为基础）将超出北美和欧洲的总和。但是，即使在“最乐观的情况下”，美国经济的相对规模也将从2010年占二十国集团成员GDP总量的约1/3下降到2030年的约1/4。报告预计在2030年之前，以市场汇率计算，美国将维持世界最大经济体的地位，但以购买力平价计算，中国有望超过美国成为全球最大的经济体。美国占世界贸易的比重将从约12%下降到10%，而东亚地区占世界贸易的比重有可能从10%翻一番达到20%。美国衰退最明显的指标是美元作为全球储备货币地位的终结，它将被另一种货币或货币篮子所取代。但是，这不太可能发生。全球经济的健康将更依赖于发展中世界（中国、印度尼西亚、巴西、哥伦比亚、印度尼西亚、尼日利亚、南非和土耳其等）而非西方国家的经济表现。引人注目的是，报告预测中国经济增速将在2030年前放缓，并认为印度的经济表现将超过中国。

《NIC 2030报告》还预计，美国将“维持世界上唯一最强大国家”的地位，因为“在这一时间框架内，其他大国没有可能在任何合理的情况下具备在各领域的同等权力”。美国仍将被“呼吁”担当在亚洲平衡中国的角色。但是该报告确认了美国的相对衰落：

> 到2030年，美国很有可能仍将在大国中间维持“同侪之首”（first among equals）的地位，因为它在一系列的权力维度

及领导角色的遗产方面都占据优势。比其经济权重更为重要的是，美国在国际政治中的主导角色来自其在硬实力和软实力方面的全面优势。然而，随着其他国家的快速崛起，“单极时刻”已经终结，“美国治下的和平”——美国始于1945年在国际政治中的霸权时代——正在快速接近尾声。[54]

亚洲开发银行最近委托开展的另一项研究（《亚洲2050报告》）描绘了两种场景。第一种场景名为“亚洲的世纪”，预测亚洲GDP占全球GDP的比重在2030年将达到39.9%，在2050年达到52.3%。到2050年，中国和印度的GDP总量占全球GDP的比重将分别达到20%和16%，相比之下，美国所占比例只有12%。届时，亚洲的GDP总量将达到174万亿美元（以市场汇率计算），中国和印度分别为68万亿美元和53万亿美元。同期美国的GDP将仅为38万亿美元。亚洲的人均收入在2030年将达到2万美元，2050年将达到3.73万美元，而2050年世界平均水平将为3.7万美元。这一情形的关键假设是，过去30年中亚洲增长最快的11个经济体将在未来40年里继续增长，而且相当比例（占比40%）的中低增速亚洲国家将朝着更高增速的11个经济体靠拢。

但在第二种情形下，亚洲经济体将在未来20年内陷入“中等收入陷阱”，并因此复制拉美在过去30年中的发展模式。亚洲国家GDP总量占全球GDP的比重将达到31%，中国占10%，印度占7%，与美国的18%形成对比。亚洲的GDP总量将达65万亿美元，中国、印度和美国的GDP分别为20万亿美元、14万亿美元和38万亿美元。在这一情形下，亚洲整体的人均GDP将为2.06万美元，中国和印度的分别为2.35万美元和1.79万美元，全世界的人均GDP为2.56万美元。美国的人均收入预计为9.49万美元。[55]

然而，关于美国的衰退，尽管相信者和怀疑者有很多分歧，但他们在两个领域却是能达成一致的。首先，不管是从总体而言还是从发展、治理和国际司法等特定领域而言，西方主流分析都不认为美国的衰退可能对国际秩序有好处。整体的共识似乎是，美国主导地位受损会导致国际不稳定情况的恶化。对于自由主义者来说，美国的衰落意味着在组织国际合作和冲突管理方面所需的国际领导力的减退。对于现实主义者来说，美国的衰落可能导致冲突，因为衰落的大国往往会成为投机取巧的敌对大国和联盟攻击的对象，或者它们自身也变得富有攻击性。

甚至那些对单极的持久性持批判态度的人（现实主义的单极幻想视角）也认为，单极的终结将导致国际敌对状态的恶化。并且，就像现实主义者那样，自由主义者也相信，这样的终结将意味着危险、无序和瓦解。美国优势地位下降带来的后果是，“不安全的海上通道、贫困化的贸易伙伴、过高的油价，地区不稳定只是美国衰落更显而易见的风险”。[56] 对单极状态表示怀疑的莱恩（Layne）也担心，单极状态不可避免的终结将意味着“大国间竞争的传统模式再次出现”，包括霸权战争的可能性（令人难以置信的是，20 世纪 90 年代初，有人认为日本而非中国可能是美国的挑战者）。[57] 伊肯伯里（Ikenberry）预见的是对于自由主义霸权秩序而言，那些是“不太令人满意的选择”——“大国均势秩序、地区性集团或两极对抗”。[58]

其次，与上述内容相关的是，要找到不支持美国维持霸主地位的主流撰稿人很难，尽管一些人并不愿看到小布什时代单极单边主义的回归。一些人可能仍然否认美国的衰落，而另一些人很不情愿地接受了这一点。但几乎每个人都希望实现美国的复兴，并对美国如何能够再现荣光给出若干建议。

注释

1. Charles Krauthammer，“The Unipolar Moment,” *Foreign Affairs*, 70/1（1990/1991）：23—33.

2. Charles Krauthammer，“A Believer in a Robust U.S. Role,”

International Herald Tribune（March 23—24，1991），p.6.

3. John Mearsheimer，“Back to the Future：Instability in Europe After the Cold War，” *International Security*，15/1（summer 1990）：5—55.

4. Aaron L. Friedberg，“Ripe for Rivalry：Prospects for Peace in a Multipolar Asia，” *International Security*，18/3（winter，1993—1994）：5—33；Aaron L. Friedberg，“Will Europe's Past be Asia's Future?，” *Survival*，42/3（2000）：147—160.

5. William Wohlforth，“The Stability of a Unipolar World，” *International Security*，24/1（summer 1999）：8.

6. Christopher Layne，“The Unipolar Illusion：Why New Great Powers Will Rise，” *International Security*，17/4（spring 1993）：5—51.

7. Ibid.：7.

8. Steven Weber and Bruce W. Jentleson，*The End of Arrogance：America in the Global Competition of Ideas*（Harvard University Press，2010）；Kindle edition（Kindle Locations：377—378）.

9. “China ‘To Overtake America by 2016’，” *The Telegraph*（June 24，2013）. 其他文献认为，这一时间大概在2030年前后，参见本章后面的讨论。

10. Charles Krauthammer，“The Unipolar Moment Revisited，” *The National Interest*，70（winter 2002/2003）：5—17.

11. Wohlforth，“The Stability of a Unipolar World，” p.8.

12. 沃尔福思（Wohlforth）和莱恩（Layne）都自称是华尔兹新现实主义的崇拜者。新现实主义认为，影响国际结局的是国际体系的机构而非人性或国内政治。Kenneth N. Waltz，*Theory of International Politics*

（Addison—Wesley，1979），p.168.

13. Kenneth N. Waltz，“The Stability of a Bipolar World,” *Daedalus*, 93/3（1964）：882.

14. Waltz，*Theory of International Politics*，p.168.

15. Waltz，“The Stability of a Bipolar World,” p.907.

16. John Lewis Gaddis，“The Long Peace：Elements of Stability in the Post-War International System,” *International Security*，10/4（spring 1986）：104.

17. Mohammed Ayoob，“Regional Security and the Third World,” in Mohammed Ayoob，ed.，*Regional Security in the Third World*（Croom Helm，1986），p.14.

18. “单极幻想”的视角总体上不是将冷战等同于国际体系的“长和平”，而是将其与“西方的长和平”相提并论；Layne，“The Unipolar Illusion,” p.41。该视角认为，单极状态是不可持续的，但单极的终结会引发国际体系的高度不稳定。

19. Waltz，*Theory of International Politics*，p.171.

20. John Mearsheimer，“Why We Will Soon Miss the Cold War,” in Mark Charlton and Elizabeth Ridel-Dixon，eds，*Cross-currents*：*International Relations in the Post-Cold War Era*（Nelson Canada，1993），p.16.

21. Dale Copeland，“Realism and Neorealism in the Study of Regional Conflict,” paper presented at the conference on “When Regions Transform,” McGill University，April 9，2010.

22. John J. Mearsheimer，“Why We Will Soon Miss the End of the

Cold War," *The Atlantic Online* (August 1990); at: http://www.theatlantic.com/past/politics/foreign/mearsh.htm (accessed November 13, 2013).

23. Karl W. Deutsch and J. David Singer, "Multipolar Power Systems and International Stability," in James N. Rosenau, ed., *International Politics and Foreign Policy* (The Free Press, 1969), p.320.

24. Richard N. Rosecrance, "Bipolarity, Multipolarity, and the Future," in James N. Rosenau, ed., International Politics and Foreign Policy (The Free Press, 1969), p.328.

25. Karl Deutsch and David Singer, "Multipolar Power Systems and International Stability," *World Politics*, 16/4 (1964): 390—406; Charles Kupchan, "After Pax Americana: Benign Power, Regional Integration, and the Sources of a Stable Multipolarity," *International Security*, 23/2 (fall 1998): 40—79.

26. Deutsch and Singer, "Multipolar Power Systems and International Stability," p.318.

27. Barry Buzan and Ole Waever, *Regions and Powers: The Structure of International Security* (Cambridge University Press, 2003).

28. 关于亚洲的多极情形，参见 Friedberg, "Ripe for Rivalry," and Barry Buzan and Gerald Segal, "Rethinking East Asian Security," *Survival*, 36/2 (summer 1994): 8—10。关于两极情形，参见 Robert L. Ross, "The Geography of the Peace: East Asia in the Twenty-First Century," *International Security*, 23/4 (1999): 81—118；类似于单极的情况（或温和的中国核心地位）是由康灿雄提出的，参见 Kang, "Getting Asia Wrong," pp.57—85。

29. Paul Kennedy, *The Rise and Fall of the Great Powers*: *Economic Change and Military Conflict From 1500 to 2000* (Random House, 1987).

30. Ezra Klein, "American Decline a Mirage in a World That's Rising," May 16, 2012；参见 http://www.bloomberg.com/news/2012-05-16/american-decline-a-mirage-in-a-world-that-s-rising.html。

31. Christopher Layne, "US Decline," in Michael Cox and Doug Stokes, eds, *U.S. Foregin Policy*, 2nd edn (Oxford University Press, 2012), p.23.

32. Linda Blimes, "The Financial Legacy of Iraq and Afghanistan: How Wartime Spending Decisions Will Constrain Future National Security Budgets," Faculty Research Working Paper Series, John F. Kennedy School of Government, Harvard University; at: http://www.nytimes.com/2013/03/20/opinion/the-silver-linings-of-iraq.html (accessed June 5, 2013).

33. Mark Urban, "Is the United States an Empire in Decline," BBC News, September 20, 2012, at: http://www.bbc.co.uk/news/world-us-canada-19667754 (accessed June 5, 2013).

34. Robert Kagan, *The World America Made* (New York: Knopf Doubleday, 2012).

35. 通过研究卡根资料的来源——美国农业部数据库，我发现他的数据类似于那些使用 2005 年美元不变价格的数据，后者显示美国 GDP 占世界 GDP 的比重从 1999 年的 28.3% 下降到 2009 年的 26.04%、2012 年的 25.3%。卡根的数据显示这一比重从 1999 年的 28% 下降到 2009 年的 26%。卡根的数据源自美国农业部经济研究局，重要国家 / 地区历年实际 GDP 和 GDP 比重的增长率（按百分比计），1969—2010 年（更新于 2010 年 12 月 22 日）。我的数据取自同一来源，但涵盖了 1969—2012 年这一时间段，并更新于 2012 年 11 月 3 日。http://www.ers.usda.gov/data-products/international-macroeconomic-data-set.aspx.Ua8h3ZzgaSk（accessed June 5，2013）.

36. Robert A. Pape，"Empire Falls，" *The National Interest*，（January—February 2009），p.7；Robert Pape，"Realities and Obama's Diplomacy，" *Chicago Tribune*，March 8，2009，p.29.

37. Gideon Rochman，"America's Decline，This Time It Is Real，" at：http://www.foreignpolicy.com/articles/2011/01/02/think_again_american_decline?page=full（accessed June 5，2013）.

38. Walter Russell Mead，"The Myth of America's Decline，" *Wall Street Journal*（April 9，2012）.

39. Clyde Prestowitz，"The American Decline Debate，" April 12，2012，blog，at：http://prestowitz.foreignpolicy.com/posts/2012/04/12/the_american_decline_debate.

40. Charles Kupchan，"Is American Primacy Really Diminishing?，" *National Journal*（March 15，2012）.

41. Kagan，*The World America Made*.

42. Joseph S. Nye，"Declinist Pundits，" *Foreign Policy*（November 2012）.

43. Ruchir Sharma，*Breakout Nations*：*In Pursuit of the Next Economic Miracles*（W. W. Norton，2012）.

44. Nye，"Declinist Pundits."

45. Clyde Prestowitz, “The American Decline Debate,” April 12, 2012, blog, at: http://prestowitz.foreignpolicy.com/posts/2012/04/12/the_american_decline_debate (accessed June 5, 2013).

46. Ian Bremmer, “Five Myths About America’s Decline,” *The Washington Post* (May 3, 2012).

47. Charles Wolf, Jr., “The Facts About American ‘Decline’,” *Wall Street Journal* (April 13, 2011).

48. 美军太平洋司令部司令、海军上将罗伯特·威拉德（Robert F. Willard）于 2010 年 3 月 24 日在美国参议院军事委员会听证会上表示，“中国军队快速全面转型的意义并不局限于太平洋地区”，它将“挑战我们在该地区的行动自由”。http://www.armed-services.senate.gov/statcmcnt/2010/03%20March/Willard%2003-26-10.pdf (accessed June 5, 2013).

49. Wolf, Jr., “The Facts About American ‘Decline’.”

50. “Economy: Developing Countries Set to Account for Nearly 60% of World GDP by 2030, According to New Estimates,” at: http://www.oecd.org/dev/pgd/economydevelopingcountriessettoaccountfornearly60ofworldgdpby2030accordingtonewestimates.htm (accessed June 5, 2013).

51. The World Bank, “Developing Economies Increase Share of Global Output,” July 8, 2010, at: http://data.worldbank.org/news/dev-economies-increase-share-of-global-output.

52. “Developing Economies to Eclipse West by 2060, OECD Forecasts,” *The Guardian Datablog*, available at: http://www.guardian.co.uk/global-development/datablog/2012/nov/09/developing-economies-

overtake-west-2050-oecd-forecasts（accessed June 5，2013）.

53. *Global Trends 2030— Citizens in·an Interconnected and Polycentric World*（The European Union Institute for Security Studies，May 2012）.

54. US National Intelligence Council，*Global Trends 2030*：*Alternative Worlds*（2012）.

55. Harinder S. Kohli，Ashok Sharma，and Anil Sood，*Asia 2050*：*Realizing the Asian Century*（Sage，2011），pp.47，293.

56. Krauthammer，"The Unipolar Moment，" p.27.

57. Layne，"The Unipolar Illusion，" p.51.

58. Ikenberry，*Liberal Leviathan*，p.32.

THE END OF AMERICAN WORLD ORDER

第二章

自由主义霸权的神话

一种看待世界秩序变化的独特观点认为，不管美国是否在衰落，它已经创立的秩序将继续存在，甚至可能接纳包括中国在内的主要挑战者。这一观点[1]包括三个主要成分。第一，它假设自第二次世界大战结束后就“存在‘美国领导的自由主义霸权秩序’，并且其他国家默许和支持这一秩序”（正如在第一章中所提到的那样，我将“美国领导的自由主义霸权秩序”和“美国的世界秩序”互换使用）。第二，该秩序正面临三个主要挑战，即单极的崛起、被侵蚀的国家主权规范和暴力来源的改变，所有这些都导致“权威危机”。第三，自由主义霸权秩序并未终结，因为还没有出现任何其他可替代的选择。相反，“非西方大国的崛起和经济与安全相互依存的发展正在给自由主义国际秩序创造新的支持者和压力”。[2]

“美国的世界秩序”面临的三大挑战中，第一个挑战已是过去式。该秩序面临的真正挑战并不是单极的崛起，实际上单极已经被快速削弱，而是因大国崛起导致的单极的终结。很独特的是，“美国的世界秩序”呼应了意大利马克思主义者安东尼奥·葛兰西

（Antonio Gramsci）提出的霸权观点。葛兰西在理论上提出，霸权国更多是通过被统治者（至少是精英们）的认同而非胁迫获得拥护的。[3]但是，因为霸权有导致不平等和不公平的趋势，葛兰西派最终对其持批判态度，并且呼吁用其他理念和方法动员公众抵制霸权主义。相比之下，自由主义霸权理论美化了霸权统治，并且为其替代选择绘制了一幅黑暗图景。

更重要的是，“美国的世界秩序”也和霸权稳定论（HST）有着密切关系，甚至被视为后者的更新改进版。[4]根据伊莎贝尔·格伦伯格（Isabelle Grunberg）广为人知的说法，霸权稳定论认为“合作以及运行良好的世界经济依赖于某种类型的政治结构，这种政治结构以单个行为体占主导为特色……19世纪的英国和第二次世界大战后的美国都有助于实现一个独立和整体和平的世界”。[5]伊肯伯里指出，“19世纪，作为自由贸易和开放航海拥护者的英国和第二次世界大战后的美国都是自由主义霸权的伟大历史案例”。[6]

在霸权稳定论中，霸权国创立的国际经济或安全机构以服务于自身利益为目标，但这些机构的存在也符合其他国家的利益，因此具有利他功能。霸权国通过胁迫或者激励追随者来维持这种机制。[7]霸权国的规则可以设法阻止欺诈情况的发生，并且鼓励他国共同承担维持该体系的成本。但是，正如上文已经提到的那样，与霸权稳定论相比，“美国的世界秩序”淡化处理了胁迫方面。

霸权稳定论来源于并且抓住了两次世界大战之间那段历史背景，也就是英美霸权之间的过渡期。它实际上讲述的是关于美国霸权兴起及其后果的故事。霸权稳定论曾招致很多批评，有人称其是美国为自我服务的带有种族优越感的概念，[8]并且在解释其他行为体和力量（比如规范性理念）给世界政治带来的秩序和变化方面存在不足。[9]尽管如此，霸权稳定论已经被证明是经久不衰的。它被用来称赞第二次世界大战后美国在一些经济和安全新机构（比如关税与贸易总协定（GATT）、国际货币基金组织（IMF）、世界银行（WB）和联合国（UN））创立中发挥的作用。类似于英国，美国也从自由贸易中受益，同时给较小国家提供激励机制，后者从进入美国市场和获得美国安全伞的保护中受益。

霸权稳定论堪称是对当代国际秩序演化过程的元叙述。元叙述意指“大故事”或“高水平理论”和“视角/思想体系”。[10]它是一种“试图在普遍真理或普遍价值观的基础上，全面综合地叙述不同历史事件、经历和社会文化现象的理论”。按照这一定义，元叙述能“发挥让权力、权威和社会习俗合法化的作用”。[11]正如格伦伯格所言，霸权稳定论的经久不衰与其“全面性”或“简练且同时涵盖广泛”的事实有关。[12]霸权稳定论的经久不衰，以及它与“美国的世界秩序”在概念上的相关性，都证实了将霸权稳定论视为能引起“美国人政治想象”并且“在已经被证实荒谬后还长期萦绕在人们心头”的幻想是正确的。[13]

考虑到两种理论之间的密切关系，那些对霸权稳定论的批评，特别是针对其简化事实倾向的批评，很可能也适用于“美国的世界秩序”。但是“美国的世界秩序”的可信度面临一个特殊的问题，即与其地理范围有关的问题。什么是自由主义霸权秩序？伊肯伯里对此进行了描述：

> 就其核心而言，它是带有自由主义特点的等级秩序。美国在该秩序的规则和稳定的提供方面扮演主要角色。这是一个建立在美国的权力优势地位和自由主义治理原则基础上的等级体系。美国是占主导地位的国家，但它的权力优势被一系列战后的规则、机制和互惠的政治进程削弱和调和——获得共享的战略利益和政治交易的支持。更弱小的国家和中等国家能够以制度化的方式接触美国的权力。美国提供公共产品并且在多边规则和松散的机构体系内运作。美国霸权和自由国际秩序是融合的——事实上它们是相互依赖的关系。[14]

这一定义谨慎地避免明确提及该秩序的地理范围或成员关系（也称“利益攸关方关系”）。如上所述，在界定其范畴时，伊肯伯里在《自由主义利维坦》一书中对该秩序的说法有很多种：“自由主义霸权秩序”（xi，224）；“美国领导的自由主义世界秩序”（xii）；“美国领导的自由主义霸权”（224）；“自由世界、美国体系、西方、大西洋世界、民主治下的和平、美国治下的和平、费城体系”（35）。尽管很难判断究竟哪个术语更合适，但我们可以找到其最宽泛的意义。“美国领导的自由主义霸权秩序”也许合适。

在任何情况下，每个术语都存在一些问题，并且名称之间还相互冲突。比如，“大西洋世界”可能是界定自由主义秩序最为精确的方式，但是它也太过狭隘，至少从地理角度来说是如此。如果使用这一术语，那么澳大利亚和新西兰怎么办呢？如果使用“民主治下的和平”，那么民主化之前的韩国甚至今天的新加坡怎么办呢？确切地说，这些国家是被经济发展和地缘政治安全的力量拉进自由主义秩序的。尽管它们并不具备该秩序最基本的价值观——真正民主的政治体系，我们能不能因为它们的资本主义经济体系和它们对美国市场和美国安全保护伞的依赖而将它们视为自由主义霸权秩序的成员呢？

“自由世界”的概念也好不到哪儿去。该术语源于西方冷战时期的宣传，被抹上了意识形态色彩，但它出现在有关过去或未来世界秩序的正规学术和讨论中，这的确令人惊讶。如果它在冷战期间被狭隘地适用于“西方”，那还讲得通，但如果超出这一范畴就不行了。在世界上最大的民主国家印度，随处可见真正的表达自由，没有美国式的麦卡锡主义，它曾经是“自由世界”的一部分吗？多数印度人，当然也包括印度首任总理贾瓦哈拉尔·尼赫鲁（Jawaharlal Nehru），都会因被贴上这一标签感到难为情。那么“西方”这一术语如何呢？尽管不像“自由世界”那么过时，它的范围有限（比如近乎荒唐地将日本包括在其范畴内）、更易引发争议并且同样存在意识形态特性。与“自由世界”、“西方”或“大西洋世界”相比，“美国领导的自由主义霸权秩序”似乎更恰当。但它在地理范围、意识形态偏见和可信度方面也存在很多问题。我将自由主义霸权（也就是“美国的世界秩序”）的神话概括为以下四点。

第一个与神话相关的问题是，“美国领导的自由主义霸权秩序”在历史上的多数时期（特别是在冷战期间）实际扩展到何种程度。答案很明显：整个世界只有一小部分受到这一概念的影响。苏联集团、中国、印度、印度尼西亚和“第三世界”的很大一部分都在该秩序之外。虽然人们对该秩序的权力、合法性和公共产品功能有很多溢美之词，但这一秩序和美国—英国—西欧—澳大利亚的布局差不多。

让我们考虑下在冷战的大多数时间都不是自由主义霸权秩序一部分的三个国家。1960 年，苏联生产的商品（包括农产品和工业制成品）占全世界总量的 12.5%，低于美国（25.9%）和欧洲经济共同体（EEC，26%）所占比例的一半。到 1970 年，这些数字几乎没有发生什么变化。[15]1969 年，苏联经济总量占世界经济总量的 14.31%（最高点），而其陆地面积占全世界的 1/6，仅可耕地面积就相当于美国和加拿大领土面积的总和。中国和印度在冷战期间对全球经济的影响较小，但是在 1964 年仅代表世界经济总量 3.1%（最高点）的印度恰好也是世界上最大的民主国家，并且那时印度选择成为苏联的同盟。贾瓦哈拉尔·尼赫鲁和他的女儿英迪拉·甘地（Indira Gandhi）(也曾担任印度总理）在执政期间，他们都是美国外交政策的主要批评者。在后殖民国家召开的首次会议上，亚洲最大的和人口最多的三个国家——中国、印度和印度尼西亚拒绝了自由主义霸权秩序的关键要素，包括当时的主要的一个要素，即被称作“东南亚条约组织”（SEATO）的联盟。后殖民国家中另一个有影响力的成员埃及也和这些国家一起拒绝了巴格达条约。

因此，“美国领导的自由主义霸权秩序”可以被视为第二次世界大战后直到冷战结束时期的一种国际秩序，但不是世界秩序。至少可以说，它与整个冷战秩序并存。而冷战秩序不仅包括自由主义霸权秩序，而且颠覆其宗旨，经常推动美国牺牲自由主义规范，比如同盟中的第三世界国家的人权和民主问题，并且为了超级大国地缘政治的利益削弱联合国的和平安全作用。

苏联和苏联集团的瓦解、东欧国家向西方的民主化转型和经济重构（reorientation）以及中国、印度和越南的经济改革，或许在20世纪90年代之后拓展了自由主义秩序的范围。但是，这并不意味着自由主义秩序未被质疑或者无可质疑。很多社会和国家，不论是在伊斯兰世界还是在小布什时期，都曾经挑战这一秩序的意识形态基础并质疑它能带来的好处。而且，该秩序的历史范围在开始和扩张阶段很有限，这就意味着一些新加入者会缺乏归属感。它们在这些政策创立时期的缺席可能会影响未来它们与该秩序的密切程度。比如，印度和中国没有参与自由主义霸权秩序最初的建构，这一事实就与之相关。公元后最初的1500年中，印度和中国经济总量占世界经济总量的50%—60%。[16] 到2050年，它们有望占世界产出的约40%。

上述观点引出了关于"美国的世界秩序"（AWO）和自由主义霸权论题的第二个神话。与之相关的说法是"英国和美国领导的自由主义秩序是各方在关键领域达成一致认可（consent）的情况下建立的”。[17]但在现实中，胁迫和争论一直是问题的关键，除非有人能将英国的殖民主义也视为一致认可的一种形式。从殖民时期到后冷战时代，自由主义秩序一直是通过胁迫手段（经济、政治和军事方面）强加给别国的。事实上，即使是在西方世界内部，围绕该秩序关键方面的争论也已经发生：比如，欧洲人抗议反恐战争和美国入侵伊拉克。这些对英国或美国霸权的挑战并不总是随处可见，但这并不意味着它们不存在。

因此，对自由主义霸权秩序的挑战以及有关的争论并不是因为“单极的兴起、国家主权规范遭侵蚀以及暴力来源的改变”而形成的。[18]它们一直存在。而且，自由主义霸权秩序的“权威危机”[19]不是“基地”组织和小布什政府“狭隘霸权”[20]的结果。情况并不是直到当时才由好转坏的。事实是，自由主义霸权秩序一直被质疑。这些挑战不只是以霸权主义或者威斯特伐利亚主权规范的侵蚀为基础，[21]因为有关的挑战还包括经济不平等和不公平、地缘政治扩张和干涉、滥用国际机构以服务于霸权国的狭隘目的等方面。

与以上内容联系密切的是关于“美国的世界秩序”的第三个神话，一种关于自由主义霸权秩序具有仁慈属性的说法。希拉里·克林顿（Hillary Clinton）2010年9月在美国外交关系协会“新美国时刻”的演讲中提到：

> 第二次世界大战之后，这个曾经修建了横贯大陆铁路、工厂流水线和摩天大楼的国家将注意力转移到全球合作支柱的建构上。很多人担忧的第三次世界大战从未来临。数百万人民摆脱了贫穷，并首次行使人权。这些是美国两党领导人多年来建立的全球体系结构所带来的好处。[22]

“美国的世界秩序”所带来的好处值得认可。伊肯伯里指出，该秩序提供的公共产品包括“保障安全、维持经济开放和稳定以及支持形成该秩序的规则和机制”，[23] 尽管他承认这些好处有时并不适用于美国与发展中世界的关系。就连那些高度怀疑美国的头号地位能否持续到未来的美国分析人士也承认，美国过去在实现世界和平与繁荣、改变欧洲、创建稳定的全球贸易和金融机制方面扮演了一定角色——在与苏联集团的记录进行对比时，这些好处特别明显。[24] 然而，自由主义霸权的拥护者对其积极方面满是溢美之词，但对其消极方面却很少发声。除了马哈蒂尔·穆罕默德（Mahathir Mohamad）、菲德尔·卡斯特罗（Fidel Castro）或者诺姆·乔姆斯基（Noam Chomsky）之外，还有很多人承认“美国领导的自由主义霸权秩序”对很多秩序之外的国家（特别是发展中国家）而言并非那么有益。至少，它展现的是一幅复杂的图景。在冷战的推动下，自由主义霸权秩序的特征包括：对非殖民化的漠视甚至反对（比如艾森豪威尔政府试图破坏1955年在印度尼西亚万隆召开的亚非国家会议），[25]对独裁统治的支持（伊朗、巴基斯坦、韩国及印度尼西亚等），直接或间接的军事干预（比如伊朗、越南、古巴及尼加拉瓜等），对发展中国家和地区及国际多边主义的选择性支持和敌视（包括在亚洲更偏好双边主义而非多边主义，对第三世界不结盟运动的明显敌意）。在阻止和管理第三世界的冲突时，它也没有发挥主要作用。自由主义秩序的历史包袱影响了其合法性。该秩序在小布什担任总统期间曾遭遇“危机”，而在此之前，其不足之处就已使之遭到抵制。

与“美国的世界秩序”的第四个神话相关的主张是，美国在世界秩序的建构中扮演仁慈的角色。这可能有些夸张。与此同时，其他行为体对全球和平与秩序的贡献可能被低估了。就连有关全球和地区秩序的自由主义理念和规范也并不都是“美国制造”，而是有很多国家参与，并因此带有差异和变化。正如迈尔斯·卡勒（Miles Kahler）所指出的那样，“其他社会在1945年之后自由主义秩序的创建和维持中扮演不为人觉察的角色……美国的自由主义变量经常不能代表国际自由规范的范围”。而且，他指出，美国对1945年后自由主义规范的解读“经常是独特的和富有争议的”。[26] 西欧人（不包括昔日的霸权国英国）认识到了主权和民族主义的局限性，成立了战后首个超国家行为体。事实上，“多元化自由世界秩序”的理念比自由主义霸权秩序一元论的观点更加真实和站得住脚。[27] 自由主义规范可能有其他的来源和解读方式，这一观点很重要，因为它给包括新兴大国在内的其他行为体在使用和发展这些规范方面更多的空间和主人翁意识。但是，这些规范很可能要经过适应或“本土化”，才能符合世界政治中规范扩散的一般模式。[28]

发展中国家也已经为全球规范和治理的发展做出了贡献。19 世纪和 20 世纪初，拉美国家在发展和运用不干涉原则的强有力的法律形式方面（特别是针对美国的门罗主义）所扮演的角色，应当被视为对全球主权机制和全球秩序建设的早期构建作出的重要贡献。[29] 第二次世界大战后初期，拉美国家在全球人权规范的形成过程中发挥带头作用，特别是它们在 1945 年于旧金山举行的联合国宪章制宪会议上的参与活动，以及在 1948 年 4 月就通过了早期地区机制——《美洲人权和义务宣言》，比联合国大会通过《世界人权宣言》的时间早了约 10 个月。[30] 在最近的研究中，埃里克·赫莱纳（Eric Helleiner）论证了非西方国家——拉美和东欧国家以及中国和印度——在“塑造和支持”布雷顿森林体系、创立国际货币基金组织和世界银行等战后全球经济机构中扮演的重要角色。它们在增加和强化这些机构的发展和作用方面尤为重要。正如他所说，“布雷顿森林体系的磋商……绝不仅是英美之间的事情。它是在更广阔的政治背景下进行的，其中包括‘南方—北方’之间范围相当广泛的对话，这实际上是塑造全球金融秩序的该种类型的首次对话”。[31]

与这些全球层面的努力相平行甚至被超越的是地区在和平与发展方面的努力，后者发生在亚洲、非洲、拉丁美洲和其他地区。这些努力有助于国际规范（比如反殖民主义、民族自决和反对超级大国对立的不干涉原则等）实现本土化和获得强化。[32] 部分因为本土的贡献，自由主义秩序的关键要素，包括资本主义、民主和多边主义等，都已被打上地区差异的明显标记。一个例子是东亚相对成功的国家资本主义，这肯定不是美国人的发明，和美国自由放任的形式或许能形成对比。在东亚，政府承认“市场的局限性”，并且寻求用政策纠正市场失灵，这些政策能推动特定行业的发展、引导外国投资并且调节金融市场。[33] 如果要说这些本土变化都是美国领导的全球秩序化进程的一部分，恐怕过于狂妄并且言过其实。

福山（Francis Fukuyama）在《历史的终结》[34] 一书中称，资本主义和民主已经最终并且决定性地战胜了所有竞争的观念。韦伯和詹特森（Weber and Jentleson）在他们的新书中对这一观点提出正面挑战，认为“世界政治中最大和最基本的问题现在有待讨论”。[35] 有人也许会补充说，不仅有待讨论，而且还有待采取美国“开出的药方”之外更加多样化的方法。比如，可以考虑一下巴基斯坦经济学家马哈布巴·乌尔·哈奇（Mahabub-ul Haq）提出的有关人类发展和人类安全的观点，它们批判了美国推广的经济自由主义（以及主要用国内生产总值增速判断发展的倾向）和国家安全范式。孟加拉国的穆罕默德·尤努斯（Mohammed Yunus）提出的小额贷款乡村银行模式不符合传统银行实践，并且明确拒绝了自由主义霸权秩序下最强大的工具之一——世界银行的援助。

在国际关系的文献中，围绕自由主义国际秩序的三个主要支柱——相互依存、机构和民主的效果一直有很多争论。我非常同情这样的观点，这三种力量对和平的实现有着非常积极的效果。[36] 但同等重要的是应当承认自由主义规范与和平机制的局限性。这就引出了我对自由主义霸权理论局限性的第五个主要观点。比如，相互依存未能阻止 20 世纪初的冲突，并且在当下推动了冲突的升级。曼斯菲尔德和斯奈德（Mansfield and Snyder）发现，[37] 在一些情况下，民主化至少在短期内会增加国内不稳定和国家间冲突的风险，就像在前南斯拉夫和印度尼西亚发生的事情那样。而且，就像美国入侵伊拉克的案例所展示的那样，自由主义霸权受到它们狭隘战略目标的影响，在推进民主方面采取有选择的追随和滥用权力的方式，这可能引发冲突。在大国和弱小国家联盟的操纵下，多边机构也容易被滥用。多边机构被操控的例子有很多，比如美国和其他西方大国为了满足它们狭隘的战略目标，借助联合国安理会决议授权使用武力。2011 年国际上干涉利比亚事件就是一个明显的例子。

在自由主义国际秩序的三种力量之外，还有一些有助于实现和平的因素，关注这些因素也很重要。核武器是其中之一。核威慑能引起战略谨慎和克制，并有助于拥有核武器的国家采用防御型安全战略。从现实主义的角度来看，核武器或许是自由主义力量宣称的和平背后的主导因素。[38] 文化规范和身份也塑造全球与地区和平。尽管文化和身份也可能会引起冲突，人们可以发现在文化因素和武器控制、冲突管理之间的正相关性。[39] 这一记录挑战了建立在自由主义政治学和制度基础上的单一的普适理念。

总之，在研究自由主义霸权秩序的过往历史时，很清楚的是，“美国的世界秩序”对和平的贡献被夸大了，该秩序的阴暗面、它遭遇抵制的程度以及美国之外行为体的作用都可能被低估了。在此背景下，我们可以转到该秩序未来的问题上来。这里，有两个问题特别重要：它是否能够接纳中国和其他新兴力量？它是否能够继续主导和塑造多边主义的未来？新兴大国的问题将在下一章中详细讨论，这里我简单谈谈中国的案例和多边主义的未来。

接纳中国

中国对第一个问题构成重要考验。伊肯伯里指出，“中国既有动力又有机会加入（美国的世界）该秩序，但与此同时，中国推翻或颠覆该秩序的可能性却很小或根本不存在”。[40] 中国在目前的秩序中有主要的利害关系，这并不是新观点。正如江忆恩（Iain Johnston）所指出的那样，当今的中国已深入参与到全球和地区多边结构中。实际上，所有的新兴大国，包括中国、日本和印度都有类似的取向，但是它们之间也存在重要差异。三个主要的亚洲强国[41]中，就冷战期间盛行的世界秩序而言，中国有修正主义倾向，日本是最墨守成规的，印度的立场一直是有些中立的：印度的立场最好被描述为适应型（adaptive）的而非修正主义或墨守成规型的。[42] 印度接受类似联合国体系的多边主义，但不接受在亚洲或中东出现类似北约的“小多边主义”（minilateralism）。新兴大国间的类似的差异很可能会持续，这将创造比自由主义霸权秩序扩散的情形更具多样性的未来世界秩序。

但是，中国（和印度）会在多大程度上认同现有的秩序呢？有种说法是“中国将继续积极寻求融入被拓展和重组的自由主义国际秩序”，[43] 由此引发的问题是，该秩序的拓展和重组实际意味着什么？需要什么？在不对人权、干涉和国内治理的规范和规则作出实质改变的情况下，中国会简单接受现有的秩序吗？美国会接受中国试图进行的改变吗？此前经历的从英国到美国的权力变迁是在西方价值观和机制框架内发生的。即使中国未来不能成为世界头号大国，其崛起也仍旧能够激发合法化和出口自身价值观和机制的愿望和需要。中国领导人已经根据其历史和文化背景为国内和国际治理提出理念和机制方面的建议，并且依据其自身的历史试图想象未来的世界秩序。

康灿雄（David Kang）概述了历史上东亚秩序可能包括的要素。在东亚秩序中，强大和繁荣的中国不仅是邻国贸易的磁石，而且是后者经济繁荣的关键因素。他指出，“历史上……当中国强大和稳定时，秩序就被保留下来。东亚地区关系在历史上一直是按等级划分的，比西方的地区关系更加和平与稳定”。[44] 通过认可和保护弱邻的体系，中国过去是地区稳定的来源。[45] 康灿雄没有断言传统的朝贡体系可能会在 21 世纪的亚洲复兴，[46] 但是他提出在中国周边有可能形成“等级”（hierarchical）体系，该体系能够给有潜力成为世界上大国对立最关键的竞技场之一的亚洲带来稳定。

中国的领导人和分析人士明确将传统政治理念和国家间体系

作为解释和整理中国国际关系路径的基础。[47]他们提到“天下”体系，[48]这是一种让各国实现“和而不同”的世界秩序可以追溯到周王朝。[49]从中可以看出，中国在主动提出与西方合作的同时，也含蓄地呼吁西方不要干涉其政治体系。这并不预示着中国被拉拢进入了自由主义体系。在借鉴古典思想和传统的基础上，阎学通等中国学者“为新的国际规范提出新的价值观”，比如，“王道”的概念强调正义和仁慈，这超出了墨守成规的西方平等和民主的概念。阎学通认为，这些中国的价值观并不总是和西方的自由主义规范（比如公平和正义）构成竞争关系，它们可能也会对后者构成补充，而且中国的价值观“可能超越美国的霸权主义价值观”。[50]尽管这些在西方人看来似乎有些宣传意味，其他的内容却很符合中国对发展中世界的社会连带主义（solidarist）观念，而且此番话应被当作一种警示信号——尽管中国可能接受当前的国际经济结构并从中受益，它却不可能在安排其自身的国内政治和国际政治关系时遵从自由主义霸权秩序的政治学原理和原则。

我不相信新兴大国——不管是集体的力量还是中国本身——会替代美国并像英国或美国那样占据全球性霸权的位置。新兴大国扮演全球领导角色的局限性将在下一章中讨论。中国不可能在亚洲地区居于主导地位，在军力的投送能力、提供公共产品的能力或者意识形态和价值观的吸引力方面，中国作为全球性大国都存在严重不足。它和邻国——日本、印度、越南或菲律宾之间的各种冲突将阻止它成为地区性或全球性霸权国。但是，不能正面挑战美国霸权并不意味着要接受美国的价值观和领导。中国肯定能有助于阻止美国继续维持自由主义霸权。

其他新兴大国如何呢？它们被吸纳进入自由主义霸权秩序并且不使该秩序发生根本性改变的可能性是很渺茫的。这一观察不仅适用于俄罗斯，也适用于印度、巴西等其他新兴民主大国。巴西学者马库斯·托里尼奥（Marcus Tourinho）指出，有观点认为弱小国家接受战后美国霸权是“为了享受‘开放的’、人性化（user-friendly）的自由主义国际秩序的好处”，但巴西案例驳斥了这一观点。在他看来，“尽管巴西大体上欢迎被伊肯伯里称为‘自由主义’（机制、法治等）的当代国际秩序，该国同时自始至终地拒绝和抵制与之相随的霸权主义做法”。[51]

一些人提出，新兴大国赞同当下自由主义秩序的核心要素，比如合作安全、国际机制、共享主权和民主共同体，但是“反对国际制度中各种显性的和隐性的等级制度以及大国在国际商议中享有的很多特权”。[52] 在这一观点中，除了难以辨别这些要素中哪些为自由主义所特有而非普遍原则外，有关新兴大国对共享主权和民主共同体的支持也可能有言过其实的成分，特别是如果民主共同体隐含着自由主义秩序的支持者在奥巴马政府的默许下提出的“民主联盟”或“民主同盟”的含义时，这一观点被夸大的可能性更大。[53]而且，如何去创建这样的联盟呢？扩大北约是最不可能实现的路径，这将引发很多争议，并且肯定会遭到印度和印度尼西亚等民主国家的拒绝，就像它们1954年拒绝加入东南亚条约组织那样。建立非正式网络更加合乎情理，但是给它贴上“联盟”或“同盟”的标签同样会在这些国家中引发争议。成员国在意识形态方面的相似度和对安全的共同看法并不足以使这样一个联盟切实可行。没有一个新兴大国同意美国促进民主的方法。就巴西而言，这些分歧在2002年表现得很明显，当时委内瑞拉的乌戈·查韦斯在一次政变中被罢黜，巴西支持查韦斯复职，但美国却立刻承认了政变后成立的新政府。

而且，创建联盟也可能会造成适得其反的危险结果。中国肯定会将其视为遏制战略的一部分，特别是当下美国正在从军事上重返亚洲。同盟或民主国家和重返战略（依靠美国在亚洲的盟国和伙伴国形成的网络）会因此重叠在一起，这增加了中国的疑虑。很难看出这如何能是亚洲及世界和平、安全的积极力量。相反，它可能加剧中国的不安全感，使其变得武断。

库普乾称：“认为一个国家的政体是其地缘政治结盟的重要决

定因素，这是一种虚幻的看法，民主国家并不会理所当然地相互结盟。”[54] 在此背景下，2006 年就被提出的、民主国家亚洲地区同盟的理念面临的问题值得关注。该同盟包括美国、日本、澳大利亚和印度，这四个民主国家的政治和社会体系存在较大差异。印度的经济发展水平显然低于其他三个国家。在它们之间要形成对世界秩序的共同看法并非易事。尽管印度不再为不结盟运动斗争，它却对与西方大国的任何正式或非正式的联盟保持警惕。与澳大利亚和日本不同的是，印度拒绝加入布什政府在美国入侵伊拉克时组建的“意愿联盟”（the Coalition of the Willing）。印度一直反对美国孤立伊朗的政策，虽然它也并不支持伊朗的核野心。

仅仅因为中国、印度和其他新兴大国已经从自由主义霸权秩序中受益就认为它们会遵守该秩序的规范和机制，这是一种谬见。它们或许不会寻求推翻该秩序，但是会推动可能显著改变其规则和机制的变革。库普乾不相信新兴大国会追随西方走上现代性（modernity）的道路。西方的资本主义、宪政和民主都是在独特环境下产生的，比如封建主义的瓦解、城镇化和挑战教会、僧侣和贵族统治地位的商业阶级的兴起。库普乾认为：“今天的新兴大国各自遵循建立在自身政治状况、人口状况、地形情况和社会经济条件基础上的独特的现代性道路。相应地，它们形成的是有别于西方的现代性版本。”这些将和文化因素一起推动新兴国家“追随自己的发展道路，形成关于国内治理和如何最好地安排21世纪国际体系的观点”。[55]

美国霸权和多边主义的未来

自由主义霸权秩序的信仰者（这里也包括奥巴马政府）试图区分权力和领导力。对他们而言，借助国际组织开展多边合作是确保自由主义秩序的持续合法性和美国在全球事务中超群作用的关键手段。正如希拉里·克林顿2009年在确认她为国务卿的听证会上所言：

> 让我清楚地阐明这一点：美国能够、必须而且将在这个新世纪发挥领导作用……世界在关注我们，因为美国有能力和决心在全球范围调集解决问题所需的共同努力——既是保护我们自身利益，又是作为进步的力量。在这方面，我们没有对手。

尽管如此，美国对多边主义的承诺既是有所选择的，又是自私自利的。

最明显的例子是小布什政府时期泛滥的单边主义。奥巴马政府虽然在走向多边方面说了很多，它却没有终止美国对国际刑事法院（ICC）的抵制。2002年，美国就曾威胁称，如果不能从国际刑事法院获得一揽子豁免权，它就否决所有的联合国维和行动。奥巴马政府对国际刑事法院的敌意有所缓和，但它仍要求一切国际刑事法院的调查在作出决定前，必须获得美国可以行使否决权的联合国安理会的批准。批评人士将该政策视为对“国际刑事法院作为独立机构合法性”的一种威胁。[56] 奥巴马政府理论上支持联合国安理会改革，称其可以“提高联合国的整体绩效、有效性和效率，以迎接新世纪的挑战”[57]，但它并没有为达到这一目标提供领导力。联合国改革的一个关键要素是对否决权的改革。美国一直是否决权的主要使用者。在1986—1995年间，美国行使否决权24次，而苏联/俄罗斯、英国、法国和中国分别行使否决权2次、8次、3次和0次。在1996—2012年间，美国行使否决权13次，俄罗斯和中国各行使否决权7次（此外，在联合国秘书长人选问题上，各国行使否决权共43次，尽管这些否决票是在安理会闭会期间投出的）。[58] 国际货币基金组织（IMF）在2010年通过的一揽子改革措施将更多份额的决策权给予新兴国家，但却因为美国国会未批准而陷入停滞。这些措施将国际货币基金组织六个百分点的配额比例转移到新兴市场，将国际货币基金组织24个执行董事会席位中的两个从欧洲转移到发展中国家，并且为执行董事会的所有席位引入选举机制（在现有体系下，董事会成员是由五个最大的成员国任命的）。美国在规定的最后期限，2012年9月，推迟批准上述措施，这不仅“损害了美国的信誉，而且损害了国际货币基金组织和二十国集团的信誉”。[59]

在考虑多边主义面临的这些挑战时，必须记得多边主义的概念是以美国为中心的。约翰·鲁杰（John Ruqqie）在1993年编辑的一部有影响力的文集《多边主义》中（*Multilateralism Matters*）就阐明了这一观点。鲁杰承认，多边主义并不是战后美国人的发明。然而，“更仔细地观察第二次世界大战后的情形……能够解释多边安排数量的激增与其说是（美国的）霸权主义，不如说是霸权主义背后的美国”。[60]鲁杰将战后美国主导的多边主义与纳粹德国统治下的新经济秩序进行对比。后者虽然协调三个以上国家之间的经济关系，却不能被称为多边，因为它是建立在德国和贸易伙伴国之间双边贸易和清算安排的体系之上的，这使得该体系“天生和从根本上就带有歧视性”。[61]纳粹秩序发挥势力范围的作用，缺乏开放性和公平准入性，尽管德国确实从伙伴国进口的数量超过出口的数量。

“美国的世界秩序”一直完全接受多边主义的概念，并对其进行补充。在先前的一本书中，伊肯伯里认同多边主义与美国霸权密切联系在一起的观点。他对美国追求多边主义的解释是，借助多边机构，美国等霸权国可以向弱小国家许诺不威胁它们或者让它们“任意行使其权力”，进而获取后者的忠诚和服从。[62]

然而，大家不应忘记，在上文中曾经提到，精心设计多边主义机构框架的正是美国。弱小国家仅仅是“接受这笔交易”[63]，主要是为了减少它们对被美国操控或抛弃的恐惧。[64]尽管被许诺能免于被剥削和被操控，[65]但如果这些弱国不遵从美国的意愿，会发生什么情况呢？包括美国在内的霸权国创立的机构很有可能会运用胁迫手段。弱国并不总是将这些机构视为合法的或善意的，因为它们基本上代表的是不平等关系和一种操控形式。比如，美国在第三世界创立的所谓多边安全体系，像东南亚条约组织（SEATO）和中央条约组织（CENTO），就遭到了包括印度和印度尼西亚在内的很多国家的批评和拒绝。[66]

弱国也可以自行组建而非参与霸权国的合作型机构，以防止大国干涉它们的事务。在冷战期间，很多来自发展中世界的民族主义领袖拒绝了美国发起的、与它们的自治和平等愿望相冲突的安全和经济协议。东盟是小国和弱国组建的地区多边组织之一，它建立了一个限制包括美国在内所有外部大国作用的框架，因为美国对越南的干涉在它们看来是毫无结果的和适得其反的。这里的教训是，弱国可能建立不同于全球性霸权秩序、更适合其特定目标和身份的地区多边机构。这种机构要么将强国排除在外，要么按照自身条件和在本土规范的基础上（而非按照霸权国确定的原则和方式）实现对强国的社会化。拉美国家反对美国的门罗主义以及冷战期间东盟建立的和平、自由和中立区（ZOFPAN）都是这方面的例子。由于无法为自己提议建立的机构获取本土合法性，大国可能接受弱国的提议和建立的合作机制，尽管这些机制会限制它们的选择和行为。如果不考虑没有大国发号施令或者领导的多边主义形式，就不可能理解今天亚洲的多边机制——特别是东盟（ASEAN）、东盟地区论坛（ARF）和东亚峰会（EAS）的起源和发展。

以美国为中心的多边主义概念存在的问题包括四个方面。第一，至少在初始阶段这一概念是以国家为中心的。公民社会或非国家行为体对以国家为中心的多边主义概念构成强有力挑战，但它们的地位和作用都被忽视了。第二，它强调在自由主义霸权秩序框架下美国所创立的国际机构的积极作用，忽略了它们的消极和胁迫作用。这一概念认为，推进西方共同利益的合作原则和机制在第三世界能达到同样积极和有益的效果。然而，这些机构也扮演了胁迫角色，比如国际货币基金组织于20世纪80年代在非洲实施的“结构调整”政策。如同基利（Keeley）所言，“自由主义方法假定而非证实规制

（regimes）是仁慈的、自愿的、合作的和合法的。”[67] 国际机构常常反映霸权的需要，并保护霸权。它们“普及适合世界权力结构的规范，这种权力结构通过支持国际机构自身来维持。从这个意义上来说，国际机构是现状的‘压舱石’”。[68]

第三，以美国为中心的多边主义实践启发的理论路径很少关注非西方和发展中世界的多边主义。[69] 作为自由主义者对多边主义理解的重要部分，规制理论（Regime Theory）最初主要与北方国家间的关系更密切。如同罗伯特·考克斯（Robert Cox）所言：

> 规制理论对七国集团及其他发达资本主义国家集团间在经济合作中普遍面临的问题论述甚多。相应地，它对于改变世界经济结构的做法就少有涉猎，比如第三世界对新的国际经济秩序（NIEO）的需求。事实上，规制就是为稳定世界经济而设计的，并且达到了……禁止和威慑国家彻底脱离经济正统观念的效果。[70]

第四，以美国为中心的自由主义对多边主义的定义忽略了地区多边主义的作用。多边主义并不完全是全球性的现象。区域组织也可以具有多边属性，因为它们也可能遵守不可分割原则和互惠原则。

换句话说，区域组织和多边主义（或普遍主义）不一定像一些自由主义专家所说的那样相互竞争和排斥。[71] 然而，有启发意义的是，著作《多边主义》一书只将北约、欧共体和欧洲安全和合作会议（CSCE）作为地区多边主义的例子，它忽略了世界上的其他地区。[72]

如果美国本质上赞同多边路径，为何美国不鼓励亚洲和世界其他地区的多边主义呢？不管是过去还是现在，亚洲都特别重要，因为它既是冷战的重要战区，又是富有经济活力的地区，并且在很多人眼中还是在中美之间开展21世纪最重要的地缘政治竞赛的舞台。北约在亚洲的缺位会给多边主义和美国霸权之间的亲密关系构成挑战吗？这个难题的答案之一是，美国及其假定存在的多边伙伴之间的权力不对称差距是如此巨大，以至于多边路径会让同盟国“搭便车”，并且不会显著增强美国应对苏联和中国挑战的战略能力。[73] 但是克里斯托弗·赫姆（Christopher Hemmer）和彼得·卡赞斯坦（Peter Katzenstein）指出，种族主义和偏见也发挥了作用。在他们看来，真正的多边主义需要衡量伙伴国之间的集体认同。战后美国的战略设计者们认同他们的欧洲伙伴，认为“可以将多边机构提供的额外权力托付给它们”，但他们“不相信东南亚国家也可以被赋予多边机构提供的更大影响力，也不觉得这些国家配得上（deserve）这样的多边结构”。[74] 另一种解释是，艾森豪威尔政府时期的美国希望但却未能在亚洲建立切实可行的多边安全框架，主要因为一些亚洲领导人反对美国强加的多边主义特定形式，即反对共产主义的联盟——东南亚条约组织。印度、印度尼西亚、缅甸和其他国家的领导人将该组织视为新殖民主义统治的一种形式。[75]尽管这些解释各异，它们都表明在多边主义和美国霸权之间没有天然的或者必然的联系。

最近，以美国为中心的多边主义概念遭遇挑战。比如，“新多边主义”理念[76]提出了更宽泛的多边主义解释，认为除了国家之外，社会运动也在其中发挥作用。它还将多边合作的原则考虑在内，称其为“后霸权主义”，意指多边合作不再受制于美国的权力和意志。在安全领域，它们以共同和合作安全（欧洲理念）而非国家安全（美国理念）的概念为特色，或者以“安全合作”（欧安组织和东盟的基础）而非“安全防范”（北约的基础）的原则为特点。在经济领域，传统的自由主义聚焦美国和美国支持的国际机构（国际货币基金组织、世界贸易组织、世界银行等）推动的自由贸易和市场主导的发展，而“新多边主义”认可“社会组织和文化多样性的另类方法”[77]，包括强调平等、社会正义和财富分配。

多边主义的传统概念不仅强调美国权力的作用，而且也特别考虑了西方跨国活动家扮演的角色。这种做法通常以忽略非西方世界或本土倡导者的意见为代价。比如，跨国性人权倡议组织的主导模式——“回飞镖模式”（boomerang）已经因为掩盖了“发展中世界人权规范的本土表现”而遭到批评。[78]本土人权组织的“地理位置、语言的模糊和边缘化”导致跨国性人权组织对其作用的关注度有限。[79]然而，这些组织在推进人权方面经常扮演关键角色。正如詹姆斯·罗恩（James Ron）所言：“跨国非政府组织和网络可以监督、告知和倡导所有它们希望的内容，但是如果本土人权捍卫者不投入时间和精力，实际情况就不会发生很大转变。”[80]

最后，多边主义若要具有可行性和合法性，必须在范围和宗旨上具有包容性。回到将民主国家联盟作为自由多边主义一种形式的观点上，或许更明智的做法是寻求建立更宽泛的多边框架，比如美洲国家组织（OAS）的《美洲国家民主宪章》或者印度尼西亚发起的巴厘民主论坛，而非追求民主国家联盟的理念。这一理念可能破坏与中国的关系，也可能无法在盟国间实现足以支持被改革或重构过的美国领导的自由主义霸权秩序理念的共同目标。

注释

1. Ikenberry，*Liberal Leviathan*，p.224.
2. Ibid.，p.6.

3. Robert Cox, *Social Forces, States, and World Orders, Approaches to World Order* (Columbia University Press, 1996).

4. 事实上，伊肯伯里明显借鉴了“霸权稳定论”的观点，即霸权国既有兴趣又有能力承担提供国际公共产品（诸如开放的世界经济和稳定的安全秩序）的不成比例的成本。Ikenberry, *Liberal Leviathan*, p.143.

5. Isabelle Grunberg, “Exploring the Myth of Hegemonic Stability,” *International Organization*, 44/4 (autumn 1990): 431.

6. Ikenberry, *Liberal Leviathan*, p.70.

7. Robert Gilpin (with Jean Gilpin), *The Political Economy of International Relations* (Princeton University Press, 1987); Stephen Krasner, “State Power and the Structure of International Trade,” *World Politics*, 28/3 (1976): 317—343.

8. 对“霸权稳定论”种族中心主义偏见（比如吉尔平的论点——自由贸易是由“优越社会”强加的）的批评可参见 Grunberg, “Exploring the Myth of Hegemonic Stability,” pp.444—448。吉尔平的观点引自 Robert Gilpin, *War and Change in World Politics* (Cambridge University Press, 1981), p.129。

9. Duncan Snidal, “The Limits of Hegemonic Stability Theory,” *International Organization*, 39/4 (autumn 1985): 579—614.

10. 参见 http://www.sociology.org.uk/ws1k5.htm。

11. New World Encyclopedia, at: http://www.newworld encyclopedia.org/entry/Metanarrative.

12. Grunberg, “Exploring the Myth of Hegemonic Stability,” p.432.

13. Ibid., p.433; David Calleo, *Beyond American Political*

Hegemony, pp.218, 220; Calleo and Rowland, *America and the World Political Economy*, p.17, 都引自 Grunberg, p.432。

14. Ikenberry, *Liberal Leviathan*, p.7.

15. "The End of the Cold War and the Soviet Union," at: http://www.fsmitha.com/h2/ch33.htm (accessed October 3, 2013).

16. Derek Thompson, "The Economic History of the Last 2000 Years: Part Ⅲ," *The Atlantic* (June 22, 2012).

17. Ikenberry, *Liberal Leviathan*, p.15.

18. Ibid., p.xiii.

19. Ibid., p.6.

20. Ibid., chapter 6.

21. Ibid., p.251.

22. Available at: http://www.state.gov/secretary/rm/2010/09/146917.htm (accessed June 5, 2013).

23. Ikenberry, *Liberal Leviathan*, pp.26—27, 142.

24. Weber and Jentleson, *The End of Arrogance.*

25. Amitav Acharya, "Lessons of Bandung, Then and Now," *Financial Times* (April 22, 2005).

26. Miles Kahler, "Who Is Liberal Now? Rising Powers and Global Norms," paper prepared for the conference, *Why Govern: The Strategic, Functional and Normative Logics of Global Governance*, American University, Washington, DC, October 3—5, 2013.

27. Andrew Hurrell, "Power Transitions, Global Justice and the Virtues of Pluralism," *Ethics and International Affairs*, 27/2 (summer

2013): 189—205.

28. Amitav Acharya, “How Ideas Spread: Whose Norms Matter? Norm Localization and Institutional Change in Asian Regionalism,” *International Organization*, 58/2 (spring 2004): 239—275.

29. Jorge Dominguez, “International Cooperation in Latin America: The Design of Regional Institutions by Slow Accretion,” in Amitav Acharya and Alastair I. Johnston, eds, *Crafting Cooperation: Regional International Institutions in Comparative Perspective* (Cambridge University Press, 2008): pp.83—128.

30. Kathryn Sikkink, “Human Rights as Constitutive Norms of Global Governance,” paper prepared for the conference *Why Govern: The Strategic, Functional and Normative Logics of Global Governance*, American University, Washington, DC, October 3—5, 2013.

31. Eric Helleiner, *Forgotton Foundations of Bretton Woods: International Development and the Making of the Postwar Order* (Cornell University Press, 2014).

32. Amitav Acharya, “Norm Subsidiarity and Regional Orders: Sovereignty, Regionalism and Rule Making in the Third World,” *International Studies Quarterly*, 55/1 (2011): 95—123.

33. Joseph E. Stiglitz, “Some Lessons from the East Asian Miracle,” *The World Bank Research Observer*, 11/2 (August 1996): 151—177; Richard Stubbs, “Asia-Pacific Regionalization and the Global Economy: A Third Form of Capitalism?,” *Asian Survey*, 35/9 (September 1995): 785—797.

34. Francis Fukuyama, at: http://en.wikipedia.org/wiki/Francis_Fukuyama; *The End of History and the Last Man* (Free Press, 1992).

35. Weber and Jentleson, *The End of Arrogance.*

36. John Oneal and Bruce Russett, *Triangulating Peace: Democracy, Interdependence, and International Organizations* (W.W. Norton, 2000).

37. Edward Mansfield and Jack Snyder, "Democratization and the Danger of War," *International Security*, 20/1 (summer, 1995): 5—38; Jack Snyder, *From Voting to Violence: Democratization and Nationalist Conflict* (W.W. Norton, 2000).

38. Scott Sagan and Kenneth N. Waltz, *The Spread of Nuclear Weapons: An Enduring Debate*, 3rd. edn (W.W. Norton, 2012).

39. Keith Krause, ed., *Culture and Security: Multiculturalism, Arms Control and Security Building* (Frank Cass, 1998); Amitav Acharya, "Collective Identity and Conflict Management in Southeast Asia," in Emmanuel Adler and Michael Barnett, eds, *Security Communities* (Cambridge University Press, 1998): pp.198—227.

40. Ikenberry, *Liberal Leviathan*, p.345.

41. Alastair Iain Johnston, "Is China a Status Quo Power?" *International Security*, 27/4 (spring 2003): 5—56; Amitav Acharya, "Can Asia Lead? Power Ambitions and Global Governance in the Twenty-first Century," *International Affairs*, 87/4 (2011): 851—869.

42. Johnston, "Is China a Status Quo Power?"; Acharya, "Can Asia Lead?"

43. Ikenberry, *Liberal Leviathan*, p.344.

44. Kang，“Getting Asia Wrong，” p.66.

45. David C. Kang，*China Rising*：*Peace*，*Power*，*and Order in East Asia*（Columbia University Press，2008）.

46. 这样的复兴是令人难以置信的，参见 Amitav Acharya，“Will Asia's Past Be Its Future?”。

47. Yaqing Qin，“Why Is There No Chinese International Relations Theory?” *International Relations of the Asia Pacific*,7（2007）：313—340. Zhao Tingyang，*Tianxia tixi*：*Shijie zhidu zhexue daolun* [The Tianxia System：A Philosophy for the World Institution] Nanjing：Jiangsu Jiaoyu Chubanshe，2005（Translated for the author by Shanshan Mei）.

48. 按照“天下”理论最知名的倡导者赵汀阳的说法，它有 4 个关键要素：（1）非排他性：或者“溥天之下，莫非王土；率土之滨，莫非王臣”；（2）世界制度：“周王朝选择了世界而非国家作为政治思考的起点”；（3）国际层面的民主：没有国际民主的国内民主可能导致帝国霸权。“如果且只有能被应用于从下至上、从本土到世界的一切政治层面，并且导致普世的政治体制时，制度才是好的”；（4）和谐 v.s. 同一性：和谐“通常被定义为不同事物之间相互依赖、相互改善或者完美配合，这些和事物的同一性相反”。Zhao Tingyang，*Tianxia tixi*：*Shijie zhidu zhexue daolun.*

49. Wen Jiabao，“Turning Your Eyes to China” speech given at Harvard University，December 10，2003. At：http://www.fmprc.gov.cn/ce/ceun/eng/xw/t56090.htm（accessed October 3，2013）. Yu Keping，“We Must Work to Create a Harmonious World，” *China Daily*，May 10，2007. At：http://china.org.cn/english/international/210305.htm（accessed October

3，2013）. 俞可平是中国领导层的高级顾问。

50. Yan Xuetong，“New Values for New International Norms，” *China International Studies*，38（January/February 2013）: 17.

51. Marcus Tourinho，“For Liberalism without Hegemony：Brazil and the Rule of Intervention，” paper prepared for the workshop on “Brazil and the Liberal Order，” American University，Washington，DC，September 5—6，2013，p.14.

52. Oliver Stuenkel，“The Critique of Liberal Internationalism in Comparative Perspective：Brazil and the BRICS Nations，” paper prepared for the workshop on “Brazil and the Liberal Order，” American University，Washington，DC，September 5—6，2013，p.1.

53. Ivo Daalder and James Lindsay，“Democracies of the World，Unite，” *American Interest*，2/3（January/February 2007）; G. John Ikenberry and Anne-Marie Slaughter，“Forging a World of Liberty Under Law：U.S. National Security in the 21st Century，” The Princeton Project on National Security，September 27.2006，at：http://www.princeton.edu/~ppns/report/FinalReport.pdf; Robert Kagan ，“The Case for the League of Democracies，” *Financial Times*（March 13，2008）.

54. Kupchan，*No One's World*，p.141.

55. Ibid.，p.87.

56. “The ICC in the Security Council，” *Global Policy Forum*，no date. At：http://www.globalpolicy.org/security-council/security-council-as-an-institution/the-power-of -the-veto-0—40/the-veto-and-the-icc-in-the-security-council.html（accessed October 3，2013）.

57. Hillary Clinton, "The New American Moment," speech at the Council on Foreign Relations (September 2010).

58. "Changing Patterns in the Use of the Veto in the Security Council," no date; at: http://www.globalpolicy.org/images/pdfs/Changing_Patterns_in_the_Use_of _the_Veto_as_of_August_2012.pdf (accessed October 3, 2013).

59. Mike Callaghan, "Is the US Holding Back IMF Reform?," *The Lowy Interpreter* (March 18, 2013); at: http://www.lowyinterpreter.org/post/2013/03/18/US-leadership-of -the-IMF-under-threat.aspx.

60. Ruggie, "Multilateralism: The Anatomy of an Institution," p.8.

61. Ibid., p.9.

62. Ibid., p.51.

63. Ibid., p.56.

64. Ibid., p.51.

65. Ibid., p.53.

66. Amitav Acharya, *Whose Ideas Matter?: Agency and Power in Asian Regionalism* (Cornell University Press, 2009).

67. James F. Keeley, "Toward a Foucauldian Analysis of Regimes," *International Organization*, 44/1 (winter 1990): 90.

68. Robert Cox, "The Crisis of World Order and the Problem of International Organization," *International Journal*, 35/2 (1980): 377.

69. 在 1989 年出版的著作《国际制度与国家权力》的题为《世界政治理论》的绪论中，罗伯特·基欧汉坦陈：“本章节存在一个令人遗憾的缺陷——研究范围局限于主要在美国出版的英文作品。我认识到这反映了美国学术界的美国中心主义（Americanocentrism），并对此感到遗憾。但是，由于我没有博览其他地方出版的著作，不能对它们作出有见地的评论。" Robert O. Keohane，"Theory of World Politics：Structural Realism and Beyond，" in Robert O. Keohane，ed.，*International Institutions and State Power：Essays in International Relations Theory*（Westview Press，1989），p.67 n.1.

70. Robert Cox，"Multilateralism and World Order，" *Review of International Studies*，18/2（April 1992）: 161—180.

71. Francis Wilcox，"Regionalism and the United Nations，" *International Organization*，19（1965）: 789—811. 这一（研究）趋势如今在有关国际政治经济学而非安全的文献中更常见。参见 Jagdish Bhagwati，"Regionalism versus Multilateralism，" *The World Economy*，15/5（1992）: 535—556。

72. Ruggie，"Multilateralism：The Anatomy of an Institution，" pp.3，4. 伊肯伯里没有为这个难题提供真正的解释，只是说美国偏好双边主义，并且认为没有必要以约束性机制锁定其优势，因为它在亚洲的霸权地位比在欧洲更稳定。他还借鉴了车维德（Victor Cha）著作中的观点，以美国对陷阱（entrapment）和共谋（collusion）的担心解释它没有在亚洲采取多边主义的原因。Ikenberry，*Liberal Leviathan*，p.101. 伊肯伯里完全忽略了地区规范的作用，也无视亚洲发展中大国的偏好，比如印度和印度尼西亚就反对美国支持的多边主义，这就进一步证实了美国主导的世界秩序的片面性。

73. Donald Crone，"Does Hegemony Matter? The Reorganization of the Pacific Political Economy，" *World Politics*，45/4（1993）: 501—525.

74. Christopher Hemmer and Peter J. Katzenstein，"Why Is There

No NATO in Asia? Collective Identity, Regionalism, and the Origins of Multilateralism," *International Organization*, 56/3 (2002): 588.

75. Acharya, *Whose Ideas Matter?*

76. Cox, "Multilateralism and World Order"; Cox, ed., *The New Realism: Perspective on Multilateralism and World Order* (St Martin's Press, 1997); Michael G. Schechter, ed., *Future Multilateralism: The Political and Social Framework* (Palgrave Macmillan, 1999).

77. Robert O'Brien et al., *Contesting Global Governance: Multilateral Economic Institutions and Global Social Movements* (Cambridge University Press, 2000).

78. James Ron, "Legitimate or Alien? Human Rights Organizations in the Developing World," paper circulated at the Workshops on Religion and Human Rights Pragmatism: Promoting Rights across Cultures, Columbia University, New York, September 24, 2011.

79. Ibid.

80. Ibid.

THE END OF AMERICAN WORLD ORDER

第四章

新兴大国：其他国家的炒作？

“新兴大国”和“崛起大国”的术语承认一群国家在经济、政治和战略地位上的提升，这些国家中的大多数（如果不是全部）一度被归为（在一些陈述中仍被归为）“第三世界”或“全球化中的南方”。可以归于这一类别的国家不是固定的，也并非没有争议。这些术语在被使用时常常涵盖金砖国家（巴西、俄罗斯、印度、中国和南非）、印度尼西亚、墨西哥、阿根廷、澳大利亚、沙特阿拉伯、韩国和土耳其。安德鲁·库柏（Andrew Cooper）评论说“崛起大国的描述”一直是“可扩展的、易变的和有争议的……没有一个首字母缩略词能够将该领域囊括在内”。[1]“新兴大国”这一术语也存在同样的问题。比如，虽然崛起大国看起来能和新兴大国合为一体，但前者一般都是和那些明显有潜力成为大国的国家——比如中国、印度和巴西相关。“新兴大国”指的是印度尼西亚、韩国、墨西哥、尼日利亚和南非等国家，这些国家不被认为有望获得国际大国地位（为了方便起见，我将使用包括“崛起大国”概念的更广义术语“新兴大国”）。在崛起 / 新兴大国的行列中，俄罗斯是个很奇怪的存在，因为它实际上是一个传统的欧洲大国，在冷战期间还是一个军事超级大国。一些分析人士甚至认为，至少就俄罗斯的地缘政治行为来说，它是一个“过时的大国”。[2]另一个让情况变得复杂的术语是“地区大国”，该类别更依赖一国相对于其邻国的自然属性和物质属性。不过，并非所有的新兴大国都可以算作地区大国。比如，韩国和阿根廷虽然是新兴大国，它们应当被算作地区大国吗？这些具有不确定性且富有争议的分类方法非常重要，因为它们影响到我们对国家在世界治理和秩序中所扮演角色的讨论。

“新兴大国”理念的流行和“金砖四国”（BRIC，巴西、俄罗斯、印度和中国）这一术语有很大关系。一定不能遗忘的问题是，这个在2001年由高盛分析师创造的术语描述的并不是这些国家在全球秩序中的权力，而是2001年“新兴市场经济体”相对于投资者而言的潜力。[3]南非于2010年加入该集团，“金砖国家”（BRICS）由此产生。在2010年的一份报告中，高盛为这一概念辩护时指出，在之前的10年中，金砖四国为全球GDP增长的贡献比例超过1/3，并且已经从占世界经济的1/6增长到约1/4（按购买力平价计算）。该报告预计金砖国家作为一个整体到2018年经济总量将超过美国。[4]

吉姆·奥尼尔（Jim O’Neill）这位高盛分析师现在对金砖国家

的经济前景已经不那么乐观了。但是，这一潮流因为“灵猫六国”（CIVETS，哥伦比亚、印度尼西亚、越南、埃及、土耳其和南非）、“经济突破型国家”[5]（breakout nations，土耳其、菲律宾、泰国、印度、波兰、哥伦比亚、韩国和尼日利亚）等新缩写词的出现而得以延续。另一个类似词语是“迷雾四国”（MIST，墨西哥、印度尼西亚、韩国和土耳其）。各方有争议的是，这些分类中有多大比例是商业咨询公司自我推销的营销策略。

某种程度上，一国是否被认可为“新兴大国”/“崛起大国”主要是由其在俱乐部内（其中最知名的是“金砖国家”）的会员身份决定的。但是，也存在其他的俱乐部类型，其中一些主要是概念意义上的，比如BRIICS（金砖国家加上印度尼西亚）、BASIC（基础四国，俄罗斯之外的其他几个金砖国家），而其他一些俱乐部则正在发挥作用，比如IBSA（印度—巴西—南非俱乐部）和BRICSAM（金砖国家和墨西哥）。在更广义的层面，二十国集团（G20）是一个关键参考依据，[6]该俱乐部以其在全球金融中的重要性闻名，其成员资格几乎能自动为一国赢得“新兴大国”的标签。即使在经济方面，新兴大国的类型也并不相同。正如表4.1显示的那样，金砖国家这样相对紧凑的集团也是如此。

表 4.1　金砖国家概览：1990 年和 2010 年

国　家	世界排名	GDP（购买力平价 / 十亿）	GDP（美元 / 十亿）		占世界 GDP 比重（%）		人均 GDP（美元）	
			1990	2010	1990	2010	1990	2010
巴　西	8	2 172	508	2 090	3.3	2.9	3 464	10 816
俄罗斯	6	2 223	—	1 465	—	3	—	10 437
印　度	4	4 060	326	1 538	3.1	5.4	378	1 265
中　国	2	10 086	390	5 878	3.9	13.6	341	4 382
南　非	26	524	112	357	0.9	0.7	5 456	7 158

资料来源：Suresh Singh and Memory Dube，"BRICS and World Order：A Beginner's Guide"（http://cuts-international.org/BRICS-TERN/pdf/BRICS_and_the_World_Order-A_Beginners_Guide.pdf）。已获转载许可。

表 4.2　G20 成员的经济情况（2009 年估算）

成　员	GDP（名义购买力平价）美元	GDP（人均购买力平价）美元	人　　口
南　非	5 053 亿	10 300	49 052 489
加拿大	1.279 万亿	38 200	33 487 208
美　国	14.14 万亿	46 000	307 212 123
墨西哥	1.465 万亿	13 200	111 211 789
阿根廷	5 488 亿	13 400	40 913 584
巴　西	2.013 万亿	10 100	198 739 269
中　国	8.748 万亿	6 600	1 338 612 968
日　本	4.15 万亿	32 700	127 078 679

续表

成　员	GDP（名义购买力平价）美元	GDP（人均购买力平价）美元	人　　口
韩　国	1.364 万亿	28 100	48 508 972
印　度	3.57 万亿	3 100	1 156 897 766
印度尼西亚	9 625 亿	4 000	240 271 522
沙特阿拉伯	5 923 亿	20 600	28 686 633
俄罗斯	2.11 万亿	15 100	140 041 247
土耳其	8 745 亿	11 400	76 805 524
澳大利亚	8 511 亿	40 000	21 262 641
法　国	2.097 万亿	32 600	64 420 073
德　国	2.81 万亿	34 100	82 329 758
意大利	1.739 万亿	29 900	58 126 212
英　国	2.128 万亿	34 800	61 113 205
欧　盟	14.43 万亿	32 500	492 387 344

资料来源：美国中情局世界概况数据（CIA World Facebook Data）。

总体而言，成员身份建立在权力的传统指标或物质能力（主要是经济能力，也包括军事能力、国土面积的相对大小和人口规模）的基础上。金砖国家的每个成员都是重要的军事大国，特别是相对于各自的邻国而言。这些俱乐部对成员资格的要求并不必然只看软实力，或者在理念、创新和问题解决方面的领导力，抑或可以称作智力和企业家精神方面的领导力。这就遗漏了过去和现在都以全球和地区领导力角色知名的一些国家，并且引发了人们对世界政治的新力量——“新兴大国”这一术语有多大意义的问题的思考。比如，在这些新兴大国俱乐部中，新加坡是被遗漏的国家，但它在亚洲和全球经济合作中却是一个有进取精神的国家。由于对其被排斥在二十国集团之外的结果表示愤怒，新加坡在联合国创立了一个全球治理小组。20 世纪 80 年代，哥斯达黎加在奥斯卡·阿里亚斯·桑切斯（Oscar Arias）的领导下曾经在解决中美洲冲突中发挥重要作用。泰国创立了发展中国家最成功的地区集团之一——东盟。二十国集团最初聚焦经济问题，但它也有应对安全事宜的强烈愿望。然而，发展中国家最重要的安全行为体，诸如埃及、尼日利亚，并不是二十国集团的一部分。

尽管存在这些问题，“新兴大国”的术语已经在关于发展中世界秩序的讨论中占据重要位置。但是，尽管国际上关于新兴大国有不少杂音，且多数是由这些国家自己制造的声音，有关它们所扮演角色的分析一直只聚焦狭隘的短期政策，很多是和 2008 年以来的全球经济危机有关。论述较少的内容涉及两个方面：一方面是新兴国家的愿望和能力之间的差距，另一方面是它们给全球治理带来的益处和增加的负担之间的差距。

二十国集团：承诺和表现

金砖国家和二十国集团是争夺新型全球大国精英集团最重要成员地位的两个主要候选者。金砖四国的理念可以追溯到 1990 年，二十国集团是在 1999 年建立的，但它们在全球秩序重构（global reordering）中地位的转折点是 2008 年爆发的全球金融危机。这场危机让这些精英国家组成的集团在全球危机应对中发挥主要作用，而且也给它们创造了机会，去影响有关全球治理和世界秩序未来的辩论结果。

但是，这一过程并非一帆风顺。金砖国家具备小而紧凑的优势。但是，除去已经提到的经济差距外，其成员国还在国内政治体系方面存在差异——一方面是民主国家巴西、印度和南非，另一方面是中国的社会主义政体和俄罗斯的威权政体。造成的后果之一是，金砖国家集团容易因为忽略民主问题而遭到批判，尽管它们呼吁推动国际关系的民主化。比如，加入金砖国家集团后，南非被视为将权力和一己之利置于原则之上的国家，这些原则是南非作为印度—南非—巴西俱乐部成员，和印度、巴西（而非金砖国家中的中国和俄罗斯）一起在人权和民主等方面作出的承诺。金砖国家中的三个成员——俄罗斯、中国和印度——是拥有核武器的国家，南非和巴西并不是，后者早些时候曾宣布放弃核武器。因此，在金砖国家内部，各国对待核不扩散的态度也不一致。

更重要的是，金砖国家成员在全球秩序重构的关键议题上似乎没有足够的粘合剂可以让它们团结在一起。一个重要例子是中国和印度之间的竞争关系。而且，该集团内部在气候变化、联合国安理会改革等全球秩序议题上的不和谐声音（特别是中印在安理会改革议题上的分歧）不利于它展现一致的和可信的形象。一位中国分析人士在评价金砖国家内部的分歧时提出："为何要将巴西、俄罗斯、印度和中国放到一起创造一个新词？实际上，这四国在很多方面差异巨大，有些甚至是根本性质方面的差异。"[7]因此，这些差异确实削弱了它们在国际事务中的集体影响力。围绕金砖国家有很多炒作宣传，但一个合情合理的问题是：金砖国家的成员身份与其说是获取全球事务真正决策权的手段，不如说是一种地位的象征（和吸引外国投资者注意力的方式）。[8]

二十国集团或许是重塑全球治理更可信的推动者。该集团的人口总量占世界的80%，国内生产总值、金融总量和贸易总额分别占全球的90%、90%和80%。它还获赞"执行了历史上最大规模的宏观经济刺激政策，进而成功地阻止了一场潜在的全球经济深度衰退的发生"。[9]正是因为它成功地阻止了金融危机，该机构在2009

年9月的匹兹堡峰会上自称是“世界上排名首位的国际经济合作论坛”。[10]欧盟外交政策前任高级代表哈维尔·索拉纳（Javier Solana）称二十国集团为“唯一能让大国和新兴国家平等地坐在同一张桌子前的力量”。[11]其他人认为二十国集团具备“暗中改变国际秩序的潜力”。[12]

二十国集团的支持者们看到的是它在全球治理中的角色以及其所能带来的诸多好处。布鲁斯·琼斯（Bruce Jones）认为，二十国集团能弥合联合国秘书处和国际货币基金组织、世界银行等联合国专门机构在治理机制方面的鸿沟，进而让联合国更有效率。它还能够让联合国的安全和经济团体——比如安全理事会和经济及社会理事会（ECOSOC）之间的协调变得更容易。这可能有助于应对和解决中东和亚洲的地区冲突，带动有关全球事宜的讨论和辩论，让其他的多边机构更快采取行动，并且更好地从它们那里“汲取优点”。[13]

国际机构的改革是二十国集团日程的重要部分。时下，新兴大国已经具备坚实的基础（on solid ground）。联合国、国际货币基金组织和世界银行等主要的国际机构是在第二次世界大战之后创立的，反映的是那个时代国家的实力和影响力。不容质疑的是，这些机构未来是否具有有效性和合法性取决于它们能否适应21世纪的新现实。

二十国集团有潜力推进全球治理的改革。它给国际货币基金组织、世界银行等全球机构改革的辩论带来了新的活力，比如国际货币基金组织 2010 年初步采取了略微调整成员配额的措施，使之有利于发展中国家的改革步骤（这让巴西、中国、印度和俄罗斯入围国际货币基金组织的十大股东），[14] 并且朝着完全通过民主选举产生执委会这一目标又迈出了一步。

但总体而言，二十国集团在国际机构的改革方面几乎没有进展，在让全球机构更加民主和包容的方面面临巨大的政治和现实障碍。拓展和改革联合国安理会，特别是改革其否决权制度，已经被证明几乎是不可能的。二十国集团给全球治理体系带来的实际变化仍旧是微乎其微的。受到来自西方的抵制是原因之一，但这并不是唯一的因素。与之相关的还有二十国集团成员间的分歧，它们并不只是存在于印度和中国以及中国和日本之间。比如，尼日利亚、巴西和印度的地区竞争对手强烈反对这些国家在联合国安理会获得永久席位的请求。"埃及和南非想知道尼日利亚为何具备特殊资格，阿根廷和墨西哥及印度尼西亚和巴基斯坦分别质疑为何选择巴西、印度。更小的国家对任何以它们为代价巩固强国地位的体系都感到不满。"[15] 另一个最近的例子是，二十国集团未能从发展中国家序列中推举出一个共同的候选人，巴西拒绝支持墨西哥代表，这可能帮助克里斯蒂娜·拉加德（Christine Lagarde）取代多米尼克·斯特劳斯·卡恩（Dominique Strauss-Kahn）担任国际货币基金组织总裁，从而让该职位保留在法国人手中。[16]

而且，在全球秩序的整体新结构中，二十国集团的有效性和合法性一直都存在问题。虽然它在应对2008年全球金融危机中的表现获得赞誉，但该集团对全球经济体系的长期健康作出的贡献却备受质疑。正如马来西亚经济学家阿比丁（Mahani Zainal Abidin）所言，二十国集团一直未能有效应对“基本问题——比如全球不平衡、汇率调整、预防经济泡沫和避免过度风险”。[17]关于它的制度化也存在问题和不确定性（它还缺少一个秘书处）。其可信度因为从一个峰会到下一个峰会之间缺少连贯性而受到影响。同样不清楚的是二十国集团是否会代替八国集团的问题。正如索拉纳（Solana）所言，“在二十国集团峰会之前召开八国集团峰会……只会让各个独立俱乐部维持的时间延长，这是不可持续的”。[18]欧洲在二十国集团存在的代表人数远远超出比例。本来应该成为二十国集团成员的国家却未能如愿。二十国集团代表性的问题可以通过“巧包容”（smart inclusion）的方式应对，[19]欧盟已经被包括在内，世界银行的发展委员会或者国际货币基金组织的国际货币与金融委员会等更具普遍性的国际组织以及东盟、非盟（AU）等地区团体和组织也可以这样。但是，朝着更大包容性作出的努力很可能是有争议的。

截至目前，尚未达成共识的是，二十国集团究竟应继续作为应对金融波动的“危机委员会”（在应对2008年危机中扮演的角色），还是应成为在更常规基础上应对更广泛议题、更正规化的“指导委员会”？一些人将其视为吸引各方关注全球主要问题的“全球焦点集团”。二十国集团被批评带有“惩罚性、强制性的文化”，并且几乎没有提供“能够替代美国霸权控制……的证据”。[20]二十国集团还努力将议程拓展到金融之外的领域，使之包括发展议题（比如2010年在首尔峰会上通过的“首尔发展共识”）、环境议题（2012年在洛斯卡沃斯峰会上的“绿色增长议题”）和安全议题。与世界银行、联合国安理会和联合国可持续发展大会（又称“里约+20”峰会）等其他机构相比，二十国集团的比较优势尚未被证实。承担太多的议题可能会事与愿违并损害其可信度，就像2011年在法国担任主席国时期召开的戛纳峰会那样，反腐倡议、食品安全和金融交易税等都是讨论的议题。同时，欧元区危机已经给其地位造成消极影响，欧洲央行和国际货币基金组织使其作用黯然失色。

二十国集团的出现对全球秩序有更大意义。它已经被视为西方国家及它们操控的国际组织所主导的全球治理结构走向终结的开始。

二十国集团有潜力让世界秩序中传统的北方—南方或者西方—世界其他地方之间的断层线（faultline）变得模糊或者在它们之间架起桥梁。比如，在国际货币基金组织的治理改革问题上，美国（至少是奥巴马政府）与中国、印度、巴西站在一起，支持增加新兴大国的代表权，对抗不愿减少席位数量的欧洲国家。

发达国家和发展中国家之间的伙伴关系和合作的新精神正在取代原有的不信任和对抗行为吗？应当提醒大家的是，发达国家和发展中国家最近的一些合作（不管是不是二十国集团开展的）都是危机引起的。这样的例子除了2008年金融危机外，还包括“9·11”事件、索马里海盗和利比亚事件等。不过，在利比亚事件中，当英法干涉超出了中国、俄罗斯、南非和巴西所理解的联合国安理会授权时，南北关系中的断层线再次出现。危机驱动的应对方式在建立长期合作的过程中是否会持续、汇总成为更具永久性的事物，延伸到更多的传统安全困境（如同中美、中日、中印、俄罗斯和西欧间的关系那样），这些都有待观察。

南方大国和南方穷国

另一个重要的问题是，精英阶层弥合传统的南北方分歧时开展的新型合作是否可能创造南方大国和南方穷国（the power south and the poor south）新的划分方法？在这里，相关的历史背景可能会引起大家的兴趣。二十国集团和 1955 年在印度尼西亚万隆举行的亚非会议有一定的沿袭关系。在二十国集团的成员中，有六国曾经出席亚非会议：中国、印度、印度尼西亚、日本、土耳其和沙特。当时南非尚处于种族隔离制度下，该国非洲人国民大会（简称“非国大”）派出两名成员作为观察员出席了会议。出席过万隆会议但未能成为二十国集团成员的国家中，埃及是最引人注目的一个。

万隆会议受到冷战阵营分化的影响。土耳其（在泰国和菲律宾的支持下）与（受印度尼西亚和中国支持的）印度发生冲突。二十国集团的两个成员——英国和美国曾竭尽全力对万隆会议采取破坏行动。英国担心万隆会议可能会让它面临更大的压力，进而放弃在亚洲和其他地方仍旧巨大的殖民财产。美国担心中国在宣传上获得成功。英美两个大国共同采取行动，阻止加纳的恩克鲁玛（Nkrumah）参加万隆会议，并且对受邀请出席会议的同盟国开展游说活动和施加压力，以使中国和实际主持会议的印度、印度尼西亚、缅甸等“中立国”受挫。它们甚至给土耳其、泰国、菲律宾等同盟国提供宣传材料（背景文件），告诉它们在会议上如何说和如何做。澳大利亚明确表示，它不想被邀请参加万隆会议。加拿大采取警惕和谨慎态度。苏联表面上支持万隆会议，但是却担忧中国太接近亚洲会有“冲淡”中苏同盟的风险（该同盟关系确实很快瓦解了，万隆会议可能是原因之一）。万隆会议奠定了第三世界政治团结的基础，后者成为全球南北分化的一个强有力标志。[21]

快进到现在：正如万隆会议是20世纪50年代末期第三世界谈论最多的新情况那样，今天发展中国家中被谈论最多的集团是二十国集团。但是两者有重要差别，一个对发展中国家来说有积极意义，另一个就没有那么多积极意义。

首先，二十国集团成员中出席过万隆会议的国家已经发生翻天覆地的变化。南非不再实行种族隔离制度。对于日本而言，万隆会议是该国经历第二次世界大战失败后首次进军国际外交（first foray into international diplomacy）。如今，日本已经成为亚洲和世界的关键角色。万隆会议还是中国在世界外交舞台的首次亮相。中国当时是贫穷且羽翼未丰的国家，很容易不被其他国家信任。印度总理贾瓦哈拉尔·尼赫鲁竭尽全力（以他自身形象和印度的影响力为代价）突出中国的亚洲地位，部分也是为了使中国逐渐脱离与苏联的关系。中国已是当今世界的顶尖新兴大国，在全球治理结构中扮演重要角色。如今，印度不再信奉尼赫鲁式的理想主义，并且已经放弃其不结盟政策。它不再希望统一亚洲，这一任务早已被让给东盟。土耳其和印度尼西亚已经变得更加民主。印度尼西亚已经朝着民主国家的方向作出痛苦但明显的转型，而万隆会议召开时，它正堕入威权主义。

南方国家的领导人不再是像尼赫鲁、纳赛尔、恩克鲁玛或者毛泽东那样的重要人物，而是以印度前总理曼莫汉·辛格和中国前领导人胡锦涛为代表的技术类官僚。从善于挑动争端的苏加诺（Sukarno）到内向的苏西洛·班邦·尤多约诺（Susilo Bambang Yudhoyno），印度尼西亚领袖的不同特征就体现了这种转变。

南方国家的这些变化是影响二十国集团政治的重要因素，并且证实了后者在弥合南北方分歧方面的潜力。万隆会议完全是南方国家间的活动，而二十国集团是南北方之间的论坛。万隆会议的焦点是政治性的，二十国集团虽然也会发挥一些政治—战略作用，却是经济论坛，未来这种经济论坛的性质很可能继续保持。

与此同时，南北方之间会继续存在一些旧的分歧，同时也会出现新议题，比如削减碳排放的目标、创造金融治理的新结构，这些在 1955 年万隆会议召开时并不存在。二十国集团主要成员（特别是印度和中国）的立场仍旧框定在它们的艰难处境和作为南方成员的视角基础上。对于它们来说，国家发展的目标要优先于遵从西方对环保标准的要求。

将二十国集团视为南方阵营的终结（the end of the South）和

全球南北方合作的基础，这是很诱人的想法。但是，它也可能意味着国际关系新极化的开始。对南方阵营来说，万隆会议及其催生的不结盟运动均具有广泛性和包容性，而二十国集团却受到代表性和合法性水平的困扰。尽管印度、印度尼西亚、南非、巴西和中国等二十国集团成员声称在该集团内部为南方阵营代言，二十国集团本身却被视为会让贫穷国家的利益和声音进一步边缘化的“专属俱乐部”。正如一位观察人士所指出的那样，“世界上最贫穷的国家越来越认识到，这些新兴的工业和石油大国不再为它们代言。国际媒体也模糊了发展中经济体和新兴经济体之间的界线，几乎没有提到二十国集团成员在最近几年已经成为全球金融寡头集团的一部分”。[22] 来自南方阵营的二十国集团成员似乎急于抛掉“第三世界”这个带有贬损意味的标签。它们渴望成为整个世界而不只是南方阵营的领导者。万隆会议时几个具有代表性的国家，包括尼赫鲁领导下的印度、毛泽东领导下的中国和纳赛尔领导下的埃及，不管是作为单个国家还是作为一个集体，都不对实现全球大国地位抱有幻想。但是今天，中国、印度、巴西和日本都渴望成为全球大国。

万隆会议因为公开呈现了两大阵营间的分歧而受到影响，这两大阵营一方是印度、印度尼西亚、缅甸和锡兰（斯里兰卡的旧称）等中立国，另一方是土耳其、巴基斯坦、泰国和菲律宾等亲西方阵营。还有观点认为，万隆会议上中印之间竞争激烈，不过这一观点有被西方媒体夸大之嫌。今天，不仅中国和印度之间的竞争被认为更加激烈，而且增加了中国和日本之间的竞争，在万隆会议上中日之间根本不存在竞争。二十国集团成员之间的竞争还有可能外溢到其他南方国家，比如中印两国对非洲资源和市场的竞争，或者俄罗斯、中国和巴西对非洲国家销售武器的竞争。

二十国集团还有可能削弱南南合作的基石——第三世界的地区主义。包括中印在内的二十国集团成员并不具备它们各自所在地区或次地区发言人的地位，而且在已经获得二十国集团谈判桌席位的情况下，它们这样做的动力可能更加不足。作为二十国集团成员中唯一的非洲国家，南非声称会就其在二十国集团中扮演的角色与非盟展开磋商。与之不同的是，没有亚洲国家会与它们的邻国就如何确定二十国集团日程展开磋商。通过东盟建立地区合法性的印度尼西亚，目前表现出超越东盟和聚焦其二十国集团地位的愿望。就巴西而言，一个关键问题是，其外交政策是否应当“聚焦改善在南美洲内部的贸易关系以强化南方共同市场（MERCOSUR），或者巴西是否应当坚持它对二十国集团的领导权（assert its leadership of the G20），并运用这一地位‘重塑经济秩序和国际政治’（2007 年 6 月，巴西总统卢拉在新德里所言）以在全球范围推进其利益？”[23] 不管是对巴西还是对其他二十国集团成员而言，这都不会是容易解决的困境，特别是在本地区支持对它们实现全球领导力愿景至关重要的情况下。

规范追随和规范制定

按照国际关系中有关规范的传统观点，发展中世界或者第三世界国家通常被视为规范追随者而非规范的制定者。但是第三世界国家并不只是国际规范的被动接受者。[24] 它们也一直积极地重新阐释不干涉内政和国家平等等传统规范，并赋予这些规范更加广泛的含义。第三世界国家也曾为发展中世界（或第三世界）创立新规范。一个主要的例子是不结盟运动的规范，它呼吁第三世界国家放弃参与两个超级大国领导的冷战军事联盟。最近几年，第三世界国家还为全球气候变化机制建立过程中“共同但有区别的责任”等规范的形成作出了贡献。这一规范意味着，南方和北方国家在保护环境方面有着共同利益，北方国家对全球环境危机承担主要责任，因此应承担更大比重的环保成本，包括向南方国家转让资源和技术，使它们能减少对有害环境技术的依赖。[25] 而且，第三世界国家在规范方面的作用主要发生在地区层面，区域组织会在应对冲突和建立合作方面设定独特的规则和程序。[26]

一些人认为，新兴大国认同的价值观包括“为不太强大的国家促成公平与正义，并且寻求限制最强大国家的单边主义、多边主义或联盟活动”。[27] 同样清晰的是，新兴大国仍旧坚持国际关系的传统规范，特别是主权和不干涉内政的原则，而非“保护的责任”（R2P）等更新颖的原则。不过，赫里尔（Hurrell）警告说，新兴大国可能会强化国际关系中的一些不良规范，比如经济民族主义和“资源重商主义”。[28]

新兴大国对全球规范的态度分化，反映出它们国内政治环境和安全政策的不同。它们坚定支持不干涉内政的原则，部分原因是很多新兴大国有严重的国内冲突。比如，印度的国内冲突包括一直困扰其东部和中部省份（邦）的毛派暴动，以及在印度东北部地区和克什米尔地区一直存在的冲突。俄罗斯不仅在车臣地区武装冲突不断，而且存在“政治体制高度集中化和个人化”、“腐败、寻租和央地关系紊乱”等问题。南非面临的挑战是，在这个世界上最频繁发生不平等现象的地方会出现严重的社会冲突。[29]

不干涉内政是非西方世界中一直特别重要的主权基本规范。新兴大国对待该规范的态度既有相似之处，又存在差异。尽管金砖国家在政治体制上存在差异，它们在国家主权问题上却表现出某种程度上的团结性。巴西重视主权与中国和印度相类似。这种对威斯特伐利亚时代主权的迷恋引发了新兴大国对全球治理贡献大小的问题，因为气候变化、全球金融波动等更为紧迫的挑战需要干涉一国内政。正如赫里尔所说，在应对“外交政策和国家面临的治理挑战时……气候变化、稳定的贸易规则、可信的国际金融体系——不仅涉及合作，而且必然包括深度干涉内政的规则”。[30] 在新兴大国中，中国似乎最乐于介绍从本国历史文化中提取的新规范。比如，阎学通已经提出了“仁”（benevolence）和“义”（righteousness）等原则，它们可能补充现有的“平等”、“公平”和“公正”原则并挑战国际关系中（主要是美国领导）的霸权秩序。比如，“义”（他认为出自孟子）强调“一个人的行为必须正直、合理和必要”。他将其视为对民主正式定义的必要矫正。“在国际政治中，民主程序可能为国家行为提供合法性，但不一定保证这些行为的正义性。”“义”“要求国家行为的正义性”。在这里，正义性意味着在权力失衡之处要体现出对弱国的“仁”。比如，他指出，“民主只给弱国提供了独立发展权，而正义要求发达国家给发展中国家提供援助”。[31]

尽管印度、南非和巴西都具备民主国家的“证书”（credentials），它们却和中、俄联合起来。南非已经历民主化，最初对推进民主化也有着很高的热情，但是该国在反对非洲的威权政体方面已明显变得谨慎，这是因为南非执政党“非国大”和非洲领导人（津巴布韦总统穆加贝和已经去世的卡扎菲）的传统关系，也可能是因为“非国大”在安哥拉和津巴布韦等国家的投资。印度尼西亚采取了推进民主的政策，但借助的是较为温和的方式，包括支持缅甸的政变和借助巴厘民主论坛建立有关民主理念和实践的对话。

一些最新进展表明，守成大国和新兴大国在主权和不干涉内政这些规范上的代沟可能在收窄。尽管中国和俄罗斯对干涉采取更加谨慎的态度，南非和尼日利亚已带头将非洲不干涉立场转变为允许一些集体干涉，包括人道主义干涉的发生。尽管不应当夸大这些国家对不干涉原则的“稀释”（dilution）程度，包括新兴大国在内的发展中国家正显现出对规则制定更感兴趣、参与也增多的迹象，它们也正在为更新型的和更进步的世界秩序规范的形成作出贡献。“保护的责任”（R2P）规范的演化就是一个例子。不太为人所知的是，很多非洲国家的外交官和政治领袖不仅支持“保护的责任”的理念，也在其形成过程中发挥了作用。

“负责任主权”（responsible sovereignty）这一理念的缘起通常归功于苏丹外交官弗朗西斯·邓（Francis Deng）[32]，他曾在位于华盛顿特区的智库布鲁金斯学会工作。在一个合作项目中，邓和他的同事提议说：“那些未能对人民履行责任的政府丧失了它们的主权。实际上，作者将主权重新定义为在特定领土范围内保护人民的责任。”[33]

在干预与国家主权国际委员会（ICISS）2001年12月发布让“保护的责任”获得全球主导地位的报告前，南非和尼日利亚的主要领导人就已经倡议采取集体干预以应对非洲的人道主义问题。尼日利亚总统奥卢塞贡·奥巴桑乔（Olusegun Obasanjo）提出，早在1991年，“一个迫切的安全需要是重新界定安全和主权的概念……我们必须询问的问题是，主权为何赋予犯下种族灭绝和滔天罪行的政府以绝对的豁免权”？1998年，南非总统曼德拉告诉其他非洲领导人：“非洲有权利和义务采取干涉措施以根除暴政……我们必须都接受的是，当民众被屠杀以保护专制统治时，我们不能滥用国家主权的概念去否认非洲大陆其他地方有干涉的权利和义务。”[34]

阿尔及利亚外交官穆罕默德·萨农（Mohamed Sahnoun）是ICISS的联席主席。他将“保护的责任”称作“非洲对人权的贡献”。[35]非盟是首个将“保护的责任”写入其成立文件——《非盟宪章》（*African Union Constitutive Act*）的国际组织。它承认“非盟有权利依据非盟大会的决定，在发生战争罪、种族灭绝罪和危害人类罪的严重情况时干涉成员国内政”。[36]世界其他地区，特别是亚洲，一直不太接受“保护的责任”规范，它们担忧的并非规范本身，而主要是其应用方式，包括它被西方大国滥用的可能性。

前景

对新兴大国角色的公允评价表明，它们的确在重塑全球秩序时面临很多限制。新兴大国俱乐部成员缺乏足够的内聚力，因此很难最大限度地利用全球权力变迁提供的机遇。与此同时，它们通过金砖国家和二十国集团等俱乐部开展的活动有创造新的全球精英主义的风险，牺牲那些已经提供其他类型领导力的国家的利益。它们在创建全球治理新原则中扮演的角色会因其不断强调国家主权的传统规范而受到影响。尽管新兴大国有很多局限，它们确实挑战了仍被西方国家主导的国际秩序中的不公正之处。它们也给国际体系引入了多元的文化和知识传统，在此之前国际体系主要缘起于西方的政治和知识传统（比如希腊—罗马文化和启蒙运动）。它们不可能被动地默许西方在 21 世纪主导全球规则制定和秩序建立，它们也不可能在没有重要让步的情况下被吸纳进入现有的美国领导的自由主义霸权秩序中。与此同时，新兴大国本身的力量并不足以创建一种可信的替代选择。原因之一是，它们崛起的地区环境要么增强要么限制它们的全球领导的野心和潜力。当美国的世界秩序终结时，地区环境以及地区联盟和机构在塑造全球秩序中的作用是我们思考未来秩序复杂等式中的一个必不可少的部分。

注释

1. Andrew F. Cooper, "Labels Matter: Interpreting Rising Powers through Acronyms," in Alan S. Alexandroff and Andrew F. Cooper, eds, *Rising States, Rising Institutions* (The Center for International Governance Innovation and Brookings Institutions, 2010), p.76.

2. *The EUISS 2030 Report*, p.118.

3. Jim O'Neill, "Building Better Global Economic BRICS," *Global Economics Paper*, 66 (Goldman Sachs, November 30, 2001). Available at: http://www.goldmansachs.com/our-thinking/topics/brics/brics-reports-pdfs/build-better-brics.pdf (accessed December 21, 2012). 该报告虽然主要聚焦经济问题，却并不认为应该让金砖国家在全球机构中扮演重要角色。

4. "Is This the 'BRICs Decade'?" BRICS Monthly, 10/3 (Goldman Sachs)(May 20, 2010); available at: http://www.goldmansachs.com/our-thinking/topics/brics/brics-reports-pdfs/brics-decade-pdf.pdf (accessed December 21, 2012).

5. Sharma, *Breakout Nations*.

6. 二十国集团成员包括：阿根廷、澳大利亚、巴西、加拿大、中国、欧盟、法国、德国、印度、印度尼西亚、意大利、日本、墨西哥、俄罗斯、沙特阿拉伯、南非、韩国、土耳其、英国和美国。

7. Cited in Michael A. Glosny, "China and the BRICs: A Real (but Limited) Partnership in a Unipolar World," available at: http://guaciara.files.

wordpress.com/2010/05/glosny_2009.pdf（accessed June 7，2013）.

8. 最近的一个倡议是2013年在德班峰会上建立的“金砖银行”（BRICS Bank）。但是，一些人将其视为“孤注一掷的举措”——“离成为现实仍相差甚远”；at：http://newindianexpress.com/editorials/Reform-the-IMF-to-avert-needless-competition/2013/04/20/article1552634.ece。

9. Amar Bhattacharya，“Enhancing the G20's Inclusion and Outreach，” in “Shaping the G-20 Agenda in Asia：The 2010 Seoul Summit，” *East—West Dialogue*，5（April 2010）：5；available at：http://www.eastwestcenter.org/fileadmin/stored/pdfs/dialogue005.pdf（accessed July 7，2013）.

10. Cited in “Recovery or Relapse：The Role of the G-20 in the Global Economy”；available at：http://www.brookings.edu/~/media/Research/Files/Reports/2010/6/18%20g20%20summit/0618_g20_summit.pdf（Washington，DC，June 2010）（accessed December 21，2012）.

11. Javier Solana，“The Cracks in the G-20，” Project Syndicate，September 8，2010；available at：http://www.project-syndicate.org/commentary/the -cracks-in-the-g-20（accessed December 21，2012）.

12. David Shorr and Thomas Wright，“The G20 and Global Governance：An Exchange，” *Survival*，52/2（April—May 2010）：181.

13. Bruce Jones，“Making Multilateralism Work：How the G–20 Can Help the United Nations，” Policy Analysis Brief，Muscatine，Iowa：The Stanley Foundation，April 2010.

14. “G–20 Ministers Agree ‘Historic’ Reforms in IMF Governance”；at：http://www.imf.org/external/pubs/ft/survey/so/2010/new102310a.htm

（accessed December 21，2012）.

15. 参见 http://www.globalpolicy.org/component/content/article/185/41128.html。

16. Jean-Pierre Lehmann，comment，distributed by email by CUTS-TradeForum；参见 cutscitee@mail.com（May 10，2013）。

17. Mahani Zainal Abidin，"The G20：Just Another Annual Get-Together of Leaders?，" in "Shaping the G-20 Agenda in Asia，" p.8.

18. Solana，"The Cracks in the G-20."

19. Amar Bhattacharya，"Embracing the G20's Inclusion，" in "Shaping the G-20 Agenda in Asia，" p.6.

20. Andrew F. Cooper，"The G20 as the Global Focus Group：Beyond the Crisis Committee/Steering Committee Framework"（G20 Information Centre，Munk School of Global Affairs，University of Toronto，June 29，2012）.

21. Tan See Seng and Amitav Acharya，eds，*Bandung Revisited：The Legacy of the 1955 Asian—African Conference for International Order*（Singapore University Press，2008）.

22. James B. Quilligan，"G20 Leaders to Global South：'Stimulate This!'" at：http://www.stwr.org/global-fiancial-crisis/g20-leaders-to-global-south-stimulate-this.html.（London：Share The World's Resources，July 1，2009）.

23. *New Direction in Brazilian International Relations*（Woodrow Wilson International Center for Scholars，2007），p.4；at：http://www.wilsoncenter.org/topics/pubs/english.brazil.foreignpolicy.pdf（accessed

October 3，2013).

24. Acharya，“How Ideas Spread：Whose Norms Matter?”；Amitav Acharya，*Whose Ideas Matter?*；Amitav Acharya，“Norm Subsidiarity and Regional Orders.”

25. Marc Williams，“Re-articulating the Third World Coalition：The Role of the Environmental Agenda，” *Third World Quarterly*，14/1 (1993)：20—21. 亦可参见 Mitsuru Yamamoto，“Redefining the North-South Problem，” *Japan Review of International Affairs*，7/2 (fall 1993)：263—281。

26. Acharya and Johnston，*Crafting Cooperation.*

27. Cooper，“Labels Matter.”

28. Andrew Hurrell，“Brazil：What Kind of Rising State，” in Alexandroff and Cooper，*Rising States*，*Rising Institutions*，p.140.

29. *NIC 2030 Report*；*EUISS 2030 Report.*

30. Hurrell，“Brazil：What Kind of Rising State，” p.140.

31. Yan，“New Values for New International Norms，” pp.22—23. 在此应当强调的是，阎学通提出的一些原则常常用中国领导人的讲话作为说明，因此表现出为中国内外政策辩护的倾向。

32. Ramesh Thakur and Thomas G. Weiss，“R2P：From Idea to Norm-and Action?，” *Global Responsibility to Protect*，1/1 (2009)：22—53.

33. Amitai Etzioni，“Sovereignty as Responsibility，” *Orbis*，50/1 (winter 2006)：71.

34. 所有的引用都来自 Adekeye Adebajo and Chris Landsberg，“The Heirs of Nkrumah：Africa's New Interventionists，” *Pugwash Occasional*

Papers，2/1（January 2001）; at：http://www.pugwash.org/reports/rc/como_africa.htm。

35. Mohamed Sahnoun，“Uphold Continent’s Contribution to Human Rights，” July 21，2009; available at：http://allafrica.com/stories/200907210549.html?viewall=1（accessed May 3，2013）.

36. 参见 http://www.responsibilitytoprotect.org/files/R2Pcs%20Frequently%20Asked%20Question.pdf。

THE END OF AMERICAN WORLD ORDER

第五章

地区的世界

地区化世界秩序的理念并不新颖，但是在讨论世界秩序未来的背景下有必要对其重新关注。美国领导的自由主义霸权的拥护者对欧盟或北约之外的地区主义和地区秩序的建立要么不关心要么担忧。他们将地区主义同“地区集团”（regional blocs，它是对自由主义国际秩序的瓦解而非对世界秩序的建设的集团的简称）联系在一起。地区政治 / 安全和经济安排在数量和种类上的增加削弱了他们对自由主义理念和体系结构普遍性的信仰。在这种信仰的支持下，罗斯福总统曾拒绝英国前首相丘吉尔倡议的第二次世界大战后全球安全体系结构的地区化。[1]当时，丘吉尔提议在组织战后体系结构时，建立涵盖欧洲、美洲和太平洋三个地区的委员会。罗斯福对该提议表示反对，他担心这些委员会可能会鼓励全球碎片化，并发展成为争夺最高地位而相互角力、竞争性的权力集团，由此复制因为两次世界大战而备受指责的19世纪欧洲均势体系。罗斯福希望建立单一、具有普遍性、能提供集体安全（“人人为我，我为人人”）的国际组织。他是否也感觉单一的国际组织更便于美国的管理和操控呢？很明显，这位美国总统并未能目睹欧洲经济共同体的诞生，这是一种不同于他所担忧的19世纪结盟关系的地区主义形式。

第二次世界大战后，不管是在欧洲还是在其他地方，地区主义和地区秩序的性质和宗旨都发生了改变，并且也获得明显拓展。地区集团不仅数量激增，它们还接受了新角色，在设计和功能方面也体现了很大的差异性。[2]“地区世界”（regional worlds）这一概念最早是由芝加哥大学一个现已不存在的项目组提出的。[3]它抓住了地区主义和地区秩序更加广泛、包容、开放和互动的特点，与之相对的是19世纪的地区主义概念，后者狭隘且过时，这一概念不仅是罗斯福拒绝的地区主义，也是自由主义霸权的当代拥护者所担心的对象。

从地区世界的角度来看，地区并不是固定的地理或文化实体，而是由不断变化的社会身份和政治身份构成的。而且，地区既不是完全的自给自足的实体，也不是纯粹的全球动力的延伸。“多个地区相互重叠、相互矛盾，形成复杂的、处于不断变化中的权力、互动和想象网络。”[4]地区世界的视角反映的不只是地区内部的驱动力。地区不仅自行组织它们的经济、政治、文化互动和认同，还对世界秩序作出贡献。正如阿尔君·阿帕杜莱（Arjun Appadurai）所说的那样，地区“不只是某个地域，还是生产其他世界景象的场所，应成为我们理解其他世界的一部分”。[5]换句话说，地区世界是以从内到外而非从外到内的视角观察世界政治的。

与地区世界理念并存的是“新地区主义”的概念。[6]“新”、“旧”地区主义之间的主要区别是，新地区主义内容全面且多维度，旧地区主义只关注狭隘的和特定的（战略和经济）领域。另一个区别是，旧地区主义假定霸权行为体担任主导角色（或者“从外向内”、“由上而下”创造的“霸权地区主义”），而新地区主义强调“自主”性质（“从内向外”、“由下至上”）。[7]地区机构的创立和维持并不是由单个大国主导的。相反，有关秩序的理念和路径在来源和力量方面是由多个行为体分担的。这一观点不仅有别于霸权稳定论（已在第三章中讨论），而且不同于将多边主义视为战后美国霸权唯一产物的观念。一些地区秩序可能反映霸权的力量和动机，但我对地区世界的看法挑战了国际关系研究中十分普遍的、由上而下的观点——将地区视为由权力建构的。地区世界可能在没有霸权组织的情况下出现，或者甚至会对抗霸权组织。不管是哪种情况，任何霸权建构的地区世界都会遭到相抗衡的物质和观念力量的挑战。在地区世界中，“权力很重要，但是在建构地区秩序的过程中，对权力的地区反应可能更加重要”。[8]

自由主义霸权的世界秩序观反映的是对普遍性的深层规范性的要求。然而，这种有关普遍性的观念忽略了各地区层面行为体、方法和经验的多样性——包括对主权和安全的看法。[9]地区世界观对这种偏见提出挑战。然而，我所说的“地区世界”这一术语并不意味着整个世界正被分为很多地区，或者地区和地区主义正成为世界秩序的唯一驱动力量和运作场所。地区和地区主义是世界政治中的重要趋势，“地区世界”这一隐喻基本上体现了全球秩序中多种多样但相互关联的基础和动力。地区世界的理念讨论的并不是单一而传统的普遍性概念，而是多元的世界秩序构想。

自由主义霸权下的地区

我们对地区和地区主义的很多看法都是在冷战后美国占据支配地位的背景下形成的。如今，单极时刻已经结束，美国霸权的未来受到质疑，重新审视地区主义和地区秩序正在变化中的形式是理所应当的。

从历史上来看，地区和地区秩序一直受到强势行为体的影响。大国对地区的边界作出界定，甚至给地区命名。英国在担当全球霸主的全盛时期就曾经这样做。比如，第二次世界大战期间，在苏伊士以东的地区霸主——英国的路易斯·蒙巴顿勋爵被任命为盟军在亚洲对日作战军事指挥部司令之前，“东南亚”这一术语几乎闻所未闻。“近东”、“远东”、“中东”等最常见的地区术语也是英帝国主义的遗产。美国也出于地缘政治的原因对地区进行定义和命名，比如“西南亚”或者更加不相称的概念“阿富巴”（Afpak）。

一些美国领导人不赞同为了和平与地区安排共享联合国权威的观点，但冷战却推动美国在其安全伞下建立地区秩序安排。这些地区秩序安排包括北约、东南亚条约组织和中央条约组织等冷战同盟，这些都可以被归类为霸权地区主义。今天，只有北约依然存在。发展中世界的霸权地区主义被证明是特别脆弱的。美国霸权有时也通过德国和日本等盟国影响经济地区化，这些在卡赞斯坦的《地区构成的世界》（*A World of Regions*）一书中有记录。[10] 欧洲和东亚的地区秩序是美国霸权提供的集体产品（collective goods），比如冷战期间防止共产主义“威胁”的保护、美国的援助以及美国市场准入权。

但是，正如在第三章中提到的那样，美国对全球地区主义的支持一直是有选择的。出于权力、利益和偏见的原因[11]，它直接通过北约（并间接通过欧洲共同体）支持欧洲的多边主义，但在亚洲却追求双边主义。有时候，美国甚至更进一步，在亚洲和非洲积极反对民族主义分子推动的地区主义和地区间主义，后者的发展独立并且拒绝屈从于美国霸权的战略目的。因此，正如在第四章中讨论的那样，在英国的纵容和积极支持下，美国艾森豪威尔政府试图操纵1955年在万隆举行的亚非会议，首先采取的行动就是鼓动其盟国让当时亚洲主要的地区主义者——尼赫鲁和苏加诺的目标受挫。[12] 美国没有直接插手中东和非洲区域组织的创立，比如阿拉伯国家联盟或者非洲统一组织（OAU）(2000 年成为非盟)。在很大程度上，这些组织在初始阶段是相当反美的，特别是纳赛尔执掌埃及时的阿拉伯国家联盟。美国在美洲国家组织内部享有更大的影响力，但是该组织也被很多成员视为反抗美国霸权的手段。

单极状态终结对地区主义和地区秩序意味着什么？正如在第一章中已经讨论过的那样，很多描述未来世界秩序的时髦术语，比如“无极的”、“后美国的”、“新极的”等，淡化了世界政治和安全的地区背景。我们将目睹，美国在世界上塑造地区秩序、机构和生产结构的能力出现明显的减弱了吗？与美国权力和宗旨无关的地区机构和秩序会出现增长吗？在东亚，地区生产网络越来越以中国而非美国在亚洲的重要盟友——日本为中心。欧洲不断要求自主或半自主的防御身份可能是美国霸权所面临挑战的另一个（虽说有限的）例子。必须记住，在 2003 年美国入侵伊拉克之前，断层线出现在以德（时任总理格哈特·施罗德）法（时任总统雅克·希拉克）为一方、美国（时任总统小布什）为另一方的国家之间。在东亚，美国塑造地区机构的能力（从来都不是很强大），因为东亚地区主义的兴起而遭到削弱。东亚地区主义的一些版本（比如马来西亚前任总理马哈蒂尔提出的东亚经济组织的理念——后来被更名为东亚经济论坛［East Asian Economic Caucus］）将美国排除在外，尽管美国现已加入东亚峰会。[13]

地区主义正在变化的目的和关联性（relevance）

一些对变化的世界秩序富有远见的分析承认地区主义的重要性，但这种地区主义并不被视为霸权建构的产物。欧盟安全研究所的《EUISS 2030 报告》（曾在第二章中讨论过）将地区主义看作“权力的向量”（vector of power）。“建立促进和平和社会发展的地区合作集团的能力，是决定国家的地区影响力大小的重要因素。”[14] 地区主义对提高埃及、尼日利亚、南非和印度尼西亚等“中等强国”的国际影响力尤为重要。在亚洲，地区主义是塑造东盟和中国以及中美在东南亚和平关系的重要因素。该报告认为，中国和印度规模太大，不适宜与规模较小的国家一起参与以经济利益为目的的地区一体化项目，但地区主义仍是这些雄心勃勃的大国获得合法性的重要因素。南方共同市场（MERCOSUR）和更广泛的南美合作等地区主义或许是巴西寻求实现大国地位的关键，但地区主义却不能给该国提供任何实现地区霸权的机会。

美国国家情报委员会《NIC 2030 报告》指出，“经济趋势（特别是表明更深层次地区一体化的地区内贸易增长趋势）暗示世界秩序有可能更多地围绕地区结构建立”。[15] 美国前国务卿希拉里在 2010 年 9 月发表题为“新美国时刻”的演讲，演讲的特别不同寻常之处在于，其中有大量篇幅都在谈论地区和区域组织。希拉里宣布“今日之挑战很少（如果有的话）能不借助地区背景获得理解或解决”，她在演讲中提到“地区”（包括“地区的”、“地区地”、“地区”等）的次数多达 24 次。演讲中有整个一节都是关于“强化地区体系结构”（未将北约纳入讨论范围，尽管北约基本上是一个区域组织，演讲稿将其放在前面关于联盟的独立一节中），有关内容甚至比另一节“21 世纪的全球机构”还要长。而且，在讨论新兴大国的角色时，希拉里警告说，“中国、巴西等国对区域组织的应然状态有自己的见解，它们在忙于追随这些理念”。这是美国在塑造地区体系结构时需要“坚持参与并帮助规划发展道路”的另一个原因。[16]

很多新兴大国一直并且很可能会继续在地区中嵌入它们的地区战略和经济环境战略，这一事实进一步强调了地区主义和地区秩序的重要性。比如，俄罗斯已经沦为一个地区霸主，其真正的影响范围局限在高加索、波罗的海和中亚地区（尽管俄罗斯在中亚正面临来自中国的激烈竞争）。巴西、南非和尼日利亚实际上也是地区大国。不管是这些国家，还是印度和日本，都不可能成为冷战期间美苏那样真正的全球大国，也不可能成为控制庞大殖民帝国时期的西班牙、英国和法国那样（不同程度上）的欧洲大国。欧盟实际上也是一个地区行为体，但其在欧洲之外的影响力微乎其微。

在这样一个世界里，地区很可能考验守成大国或新兴大国力量投射的限度。这些大国影响偏远地区的能力有限，因为其他地区大国具备与之抗衡的本土影响力。美国可能是个例外，但即便如此，也很难看到美国在没有与中国、日本、印度合作或者在其中任何一国强烈反对的情况下就能塑造亚洲的战略和经济未来。

如上所述，地区主义的关联性、性质和宗旨正发生显著变化。第一，冷战的结束带来的是对地区概念的重新界定。在 20 世纪 60 年代、70 年代和 80 年代，海湾阿拉伯国家合作委员会（GCC）和西非国家经济共同体（ECOWAS）等次地区集团的大量出现表明，阿拉伯国家联盟、美洲国家组织和非洲统一组织等宏观地区集团（macro-regional groups）涵盖的地区范围过大，无法应对各国关心的特定安全问题。相反，冷战结束带来的是拓宽次地区框架及地区范围的需求。在东南亚，着眼于解决柬埔寨冲突、以反共为导向的东盟在维护地区安全、进行地区调停时，其框架被认为太过狭隘，因此它迅速将印度支那的共产主义国家拉入自己的阵营。在经济领域，东南亚或东亚的框架在管理地区经济相互依赖的真实结构方面被认为过于狭隘。因此，亚太的概念被推至前台，各国成立了亚洲太平洋经济合作组织（简称亚太经合组织）。不断变化的地区范围给地区合作带来新的关联性，不能仅通过观察地区合作的战后早期模式来对其作出评价。

第二，全世界的区域组织已经承担了新的职责和功能。在战后早期阶段，稍大的宏观区域组织（比如美洲国家组织、阿拉伯国家联盟和非洲统一组织）的主要作用是和平解决国际争端，而第一波的次地区集团（比如欧洲经济共同体、中美洲共同市场和东非共同体）主要聚焦经济一体化问题。[17]尽管西欧模式的地区主义在很长一段时间内都试图将经济和安全议题分开（因为北约的存在，很多欧盟成员也保留着与北约的附属关系），发展中世界的区域组织却很早就认识到，经济合作不能被有意识地与政治和安全合作分离开来。[18]因此，东盟、西非国家经济共同体、海湾阿拉伯国家合作委员会和南部非洲发展共同体（SADC）已经成为真正多功能的机构，将经济和安全角色相结合，并且将安全角色拓展到维和、和平建构、人道主义援助和干涉领域。亚太经合组织最初创立的目的是推动贸易自由化和应对太平洋地区的经济相互依存状态，但是该组织也悄悄扮演了安全角色，既是周边冲突（比如东帝汶）磋商的会场，又为应对恐怖主义等跨国风险提供框架。非洲发展新伙伴计划

（NEPAD）的三个核心倡议（和平和稳定、民主和政治治理、经济和公司治理）也结合了发展和安全的目标。

第三，在有限地区主义存在的地方，全新的区域组织大量涌现。亚洲是冷战结束和非殖民化后唯一没有紧接着形成宏观地区集团的大陆。1994 年东盟地区论坛的创立填补了这一空白。在某种程度上，东盟地区论坛是一个独特的区域组织。它是唯一将当代国际体系中所有大国汇聚在一起的地区集团。然而，它同时也是由东盟这个弱小的亚洲国家集团主导的。在曾经缺乏地区主义形式的南亚和中亚，也成立了一些次区域组织，比如 1985 年成立的南亚地区合作联盟（SAARC）和 2001 年成立的上海合作组织（SCO）。

第四，为了应对新的跨国挑战，区域组织也在调整和重组自身。北约从一开始就具备清晰的集体防御功能，但它在冷战之后迅速拓展其角色范围，包括人道主义干涉（科索沃）和后来的反恐（阿富汗），由此保持其实用性。过去 10 年中，东盟政治—安全共同体的形成很大程度上是为了应对跨国风险：恐怖主义、海盗和严重急性呼吸系统综合征（SARS）等流行病。为了抑制恐怖主义融资、推进海洋安全合作和提高东亚自然灾害中人道主义救援能力，东盟地区论坛已经提出很多倡议。应对恐怖主义、金融波动、气候变化、能源供给、人员流动和其他跨国挑战已经成为全世界区域组织要面对的常规内容。

第五，尽管主权和不干涉内政仍是地区安全合作的障碍，一些重要变化也已经十分明显。[19]南非强力支持的非洲发展新伙伴计划采用了“同行审议机制”(peer review mechanism)，寻求超越威斯特伐利亚的主权概念。同样，西非国家经济共同体、南部非洲发展共同体和非盟等非洲区域组织和次区域组织已经多次采取了集体干预措施，这在将主权和不干涉内政视为神圣不可侵犯的过去一直是件不可思议的事情。区域组织愿意超越国家主权的传统观念，这可以从美洲国家组织在2001年通过的《美洲国家民主宪章》中找到重要依据。该宪章在推进民主方面作出规范性承诺，这与传统上对国家主权的保护形成对比。它允许在捍卫民主方面采取集体行动，其中既包括发生政变的情况，又包括民选执政者出现反民主和违宪“倒退”的情况。甚至在东南亚，尽管不干涉内政的思维定式一直存在，东盟已经建立起亚洲的第一个地区政府间人权机制。

第六，由于地区间主义实践的增多，地区主义和普遍主义之间的传统界线已经变得模糊。[20]1955年，在印度尼西亚万隆召开的亚非会议是地区间主义的一个重要的早期案例。其50周年纪念活动是和亚非领导人在万隆的另一场集会同时举行的。各地区不仅在成员之间还和外部力量一起定期召开会议。亚欧会议(ASEM)和东亚—拉美合作论坛（FEALAC）就是这方面的例子。非盟与欧盟、中国、印度开展常规互动。地区间主义引人注目的例子可以在亚洲找到，区域组织吸引的不仅是亚洲大大小小的行为体，还有整个世界的其他行为体。东盟提出并受其主导的东盟地区论坛和东亚峰会，其成员包括当代国际体系所有主要的大国：美国、中国、俄罗斯、印度、日本和欧盟（只在东盟地区论坛内）。世界上两个主要的中等强国——澳大利亚和加拿大也在其中（只在东盟地区论坛内）。地区间主义的这些形式并不指向美国霸权的拥护者们害怕的、由地区集团组成的碎片化世界，而是与“地区世界”的视角一致，将它们看作反对碎片化的力量和实际上通向后霸权主义稳定的垫脚石。地区主义的兴起至少可以部分归因于全球机构的局限和弱点，以及“越来越达不到预期的全球治理体系导致的后果”。[21]

确切地说，地区主义绝不是灵丹妙药。区域组织，特别是发展中国家的区域组织受到资源匮乏和机构能力不足的限制。对非洲地区集体行动限制更多的是资源和能力的不足，而非政治意愿的缺乏。在亚洲，由于日本和中国这两个经济上更强大国家的存在，国家间不信任和不干涉内政规范导致的政治意愿的缺乏是地区维和与人道主义干涉的主要障碍。地区治理的另一个障碍与国家对本地区霸主——南亚的印度、西非的尼日利亚、南部非洲的南非和东亚的中国（本章最后一节中有更多相关内容）的恐惧和不信任有关。

一些西方领导人和分析人士反对地区主义，尤其反对地区贸易安排，将其描绘为推动全球碎片化的力量。在20世纪90年代初，欧洲单一市场的建立和北美自由贸易协定（NAFTA）的签订，以及马来西亚提出的东亚经济集团（EAEG），导致各方产生对世界经济三极分化可能取代全球多边体系的担忧。然而，这种担忧被证明是言过其实的。地区内贸易的增长并非以地区间贸易为代价；相反，两者是相辅相成的。比如，在北美自由贸易协定签署后，不仅美国、加拿大和墨西哥之间的贸易额有所增加，它们和东亚的贸易额也出现增长。类似的是，与欧盟内贸易增长相伴的是，欧盟与非欧盟的欧洲自由贸易区国家（non—EU European Free Trade Area countries）之间贸易的增长。[22]

从此之后，全球的双边和地区自由贸易协定迅速增长。在世界贸易组织（WTO）备案的地区贸易协定（RTAs）从2005年7月的330个（其中生效的有180个）猛增至2013年1月的546个（生效的有354个）。[23]这种情况发生的部分原因与世界贸易组织多哈回合谈判陷入僵局有关，各国担心落后于已签署协议的国家。但是，地区贸易协定也受到政治领袖中间一种观念的启发，即多边协议的生产周期较短、交付周期较长，而地区协议可能提供自由贸易和投资的更快路径。

地区贸易安排的风险包括保护主义和贸易分流，随着地区内贸易额的增加，该地区和外界之间的贸易额就会下降。然而，这些风险可能被夸大了。今天，大多数地区集团承诺“开放的地区主义”（open regionalism），这一概念虽起源于东亚[24]，但也适用于世界其他地区。“开放的地区主义”主要被理解为非排他性的地区主义。[25]这一概念意味着地区内贸易和投资自由化的结果不仅是减少地区内经济体之间的贸易壁垒，还包括减少地区内外经济体之间的贸易壁垒。因此，“开放的地区主义”这一概念未来将妨碍自由主义国际贸易秩序的解体，也不利于欧洲和北美出现排他性的地区贸易集团。

成功的地区贸易集团易于吸引地区外国家（包括经济大国）参与其中，借此促进地区间主义和包容性，地区主义带来的全球经济碎片化的风险会被降低。同样，大的跨国公司受到地区协议所提供的更大的贸易和投资区域的吸引，往往会推动该地区集团在多边自由贸易规则内运作，因为这些规则能给跨国公司提供最佳的成功保障。地区贸易集团不仅会推动成员国政府抵制保护主义，而且会减少那些抵制自由化的本土行业带来的压力。[26]

地区贸易协定绝非多边贸易体系的威胁，它们已经对世界贸易组织的角色构成了补充。实际上，世界贸易组织本身也承认地区贸易安排能让多边贸易体系受益，因为它能让各国就现有多边条约之外的规则展开磋商并作出承诺，进而为新的多边贸易规则的达成铺平道路，正如在服务、知识产权、环境标准、投资和竞争政策等领域的情况一样。[27]地区贸易安排还可能是国内经济改革的催化剂，被政府用来释放承诺开放的信号，这一点在苏联集团国家的案例中表现得很明显。[28]地区主义让各国更容易就资本、服务、科技和人员流动的自由化展开磋商。[29]而且，促进地区贸易和投资关系有助于和平与安全，这一点已经被东盟成员证实，并且也是它们的南亚邻国正在效仿的对象。

总之，地区主义和地区秩序的性质和宗旨在第二次世界大战后已经发生了根本变化。地区机构的数量不仅增加，覆盖那些之前很少有地区主义经验的地区，而且它们还接受了更多样的角色，包括发展、贸易、金融、安全、生态、人权、人道主义援助、难民和流行病。地区机构在扮演这些角色时相对独立于联合国体系，但多数情况下它们会与后者合作。总体而言，地区主义一直保持“开放”，并且一直支持而非威胁全球多边体制。因此，把地区主义和地区秩序当作预示世界秩序碎片化的竞争“集团”的问题（包括“贸易集团”带来的被各方担忧但言过其实的挑战），这是毫无意义的。

作为模式的欧洲：霸权理念的局限性？

考虑地区和地区机构在世界政治中的作用时，另一个关键问题与作为世界其他地方的地区主义和地区间主义模式的欧盟角色有关。正如关于多边主义的研究很大程度上都是以美国为中心一样，很多关于地区主义的研究基本都是以欧洲为中心的，其特点是“各方普遍认为……为了成为‘恰当的’地区主义，应当确立一定程度上带有欧盟风格的制度主义”。[30] 这就不可避免地导致了在欧盟的成功与其他地区主义的失败和局限性之间产生不利比较。

但是，欧盟整合性地区主义品牌在作为其他追随者的范式时遇到了挑战。在亚洲，地区主义的趋势与其说是通过正式官僚机构驱动的贸易自由化实现，不如说是产生于“市场驱动”的跨国生产进程。亚洲的跨国生产网络和“自然经济领土”(单个产品的生产要素——土地、资本、科技和劳动力可能取自和位于不同国家的领土范围内）是这种地区化（没有参照欧盟正式的政府间地区主义）最清楚的案例。[31] 在非洲的案例中，地区内的联系并不是通过非洲经济共同体的宏伟计划建立的，而是来自在正式和非正式经济领域建立的各种跨国联系和次区域联系。

欧盟的来源和发展轨迹和世界其他地方存在巨大差异，这让把欧盟作为模式的观点变得毫无意义。欧洲和亚洲或许是21世纪初世界政治中两个最重要的地区，让我们来考虑一下两者在地区主义方面的差异。亚洲的地区主义与新地区主义和地区世界的视角更一致，其特征是缺少像欧盟委员会或欧洲法院这样的超国家机构。这种地区主义主要基于共识决策的东盟方式，更加非正式，法制化水平较低。

一般而言，对欧洲和亚洲差异的解释主要存在于四个领域：历史、基础目标、国内政治结构及与外部力量的安全关系模式。

历史

欧洲受到共同的宗教和文化传统的束缚，这被认为起源于罗马帝国。欧洲国家通过17—19世纪的均势体系展开了几个世纪的外交互动，其成果体现为集体问题解决机制的建立，比如1814年的欧洲协调机制（the Concert of Europe）。相反，亚洲是一个宗教、文化和政体错综复杂的地方，几乎没有像欧洲协调机制那样多边互动的记录。当然，中国的朝贡体系（在第三章中讨论过）可以用来驳斥这一观点，该体系一直持续到西方大国在清朝入侵中国之前。这既是一个外交和安全框架，又是一个经济框架。中国为弱小邻国提供保护，以抵抗掠夺成性的邻国（比如，15世纪时马六甲抵抗暹罗）。同时，中国也授予前者与其开展贸易的特权。但是，西方大国的入侵严重破坏了这些互动和关联，导致亚洲国际关系地区模式的演化出现了明显的间断性。

基础目标

两次世界大战将欧洲大陆带到彻底覆灭的边缘，欧洲地区主义是从两次世界大战的废墟中发展起来的。让·莫奈（Jean Monnet）和弗里德里克·舒曼（Friedrich Schuman）等欧洲的地区主义倡导者出于防止欧洲战火再度燃起的规范性愿望，提出抑制民族国家及其对绝对主权的渴望。对亚洲而言，民族国家和主权是新概念。为了避免再次出现长时间被外国统治和干涉的情况，亚洲的民族主义者在同样强烈的规范性愿望的推动下，强化了民族国家和主权的重要性。亚洲的地区主义通过维护而非压制国家主权来推进去殖民化和提升民族国家的地位。这就解释了为何亚洲会一直坚持不干涉内政的原则，并抵制为了经济和政治一体化建立强大的超国家机构的行为。[32]

国内政治结构

欧洲，特别是西欧，拥有很多“强国”。它们在经历了几个世纪分分合合的演化后，已经达到了经济和政治整合的节点，这似乎是不可逆转的趋势。西欧国家都拥有强有力的自由—民主政治体系。亚洲国家“更弱小”，或者用卡赞斯坦的话说就是“非韦伯式的”，

“用法律来统治”（rule by law）而非“法律的统治”（rule of law）在亚洲易于盛行。[33]欧盟模式假定，国内政治民主的强国是地区合作切实可行的必要条件。但在亚洲，民主国家和专制国家都支持地区合作。实际上，东盟在起始阶段是由独裁主义政权组成的，但它们也为地区统一作出了相当强有力的承诺。现在，东盟的政治多样性已经有所发展，但地区主义并没有被削弱。这里的教训是，与欧盟模式相比，亚洲的地区主义更加适应政权类型的多样性，更加符合很多非西方世界的情况。

与外部大国安全关系的类型

尽管欧洲和亚洲的安全都依赖于美国的军事存在和同盟承诺，欧洲的安全一直是多边同盟结构，而亚洲的安全却被设计为美国同日本、韩国、泰国及菲律宾之间（以及借助《澳美新安全条约》建立的美国和澳大利亚、新西兰之间）所谓“轴辐式”双边同盟框架。欧盟一直在建立其自身的“外交政策和防御身份”，这几乎不能算是独立自主的事业，而是利用了和北约之间相互补充和相互重叠的关系来实现这一目标。亚洲不存在与之可对比的互补关系。在美国领导的安全结构和东盟领导的地区机构之间不存在互补性，后者将“轴辐式”体系的目标——中国也作为正式成员纳入。

欧亚地区主义之间的上述差异在不同程度上也适用于非洲、中东甚至拉美等其他地区。不过，拉美已经具备多边安全结构（如美洲防御体系），其特点是以美国为中心。这并不是说，欧洲之外的地区机构在机构特色方面都很相似。不管是在亚欧之间，还是在非欧洲机构之间，地区主义都展现了一系列不同的机构特色。然而，如果按照它们的基本目标——保护国家主权免受殖民大国侵犯并且防止外部干预——来判断，欧洲之外的地区机构并非多余无用，它们为维护地区秩序作出了重要贡献。在非洲，地区机构帮助维持后殖民时代边界地区的稳定，而在拉美，它们为推进民主作出了贡献。在亚洲，它们为冷战时期的敌对国家（越南和东盟最初的成员国、中美、中印、中日）以及国际体系中所有大国间的社会化建立框架，进而为稳定作出贡献。[34]

除了欧盟之外，欧洲安全与合作组织（欧安组织，OSCE）也为非洲和亚洲的区域组织提供了重要的理念和机制。比如，在非洲统一组织（现在的非盟）1999 年召开的峰会上，尼日利亚总统奥巴桑乔（Obasanjo）提出了一项关于和平与安全事宜的提案，这推动了非洲和平与安全新倡议的诞生：建立在欧安组织模式基础上的非洲安全、稳定、发展与合作会议（CSSDCA）。东盟地区论坛也在一定程度上受到了欧安组织的启发。美洲国家组织采纳了欧安组织进程中的一些措施，也有人提议在地中海和中东地区建立欧安组织类型的框架。这些框架都共同强调信心和安全建设措施（CSBMs）。但是，在欧洲之外的地区采用正式的欧安组织风格和法律措施已经被证实是困难的，欧安组织的方法必须被调整并实现本土化。最近几年，欧安组织也已失去了部分光芒，这使其模式对于世界其他地区不再那么具有吸引力，这也推动每个地区寻找自己的和平与和解道路。[35]而且，自2008年以来，欧盟对欧元区危机的处置不力，降低了欧盟作为地区主义模式对世界其他地方的吸引力。

2008年，俄罗斯对格鲁吉亚的攻击凸显了以欧洲模式为基础，判断亚洲和其他地方区域组织的表现的局限性。在冷战后初期，俄罗斯对其欧洲邻国的安全威胁似乎要弱于中国对其东亚邻国的威胁。然而，与俄罗斯融入欧洲区域组织的程度相比较，今天的中国无疑已更好地融入亚洲区域组织。在欧洲，北约的扩张被乔治·凯南当作“整个后冷战时代美国政策最严重的错误”[36]，这句话后被证实是美国自我实现的预言，因为扩张引发了俄罗斯的猜疑。格鲁吉亚危机还显示，尽管欧盟和欧安组织都精心设计了信心建立、早期预警和预防外交等机制，它们却未能阻止自美国入侵伊拉克之后严重破坏国际秩序的行为。相反，亚洲的地区机构通过劝阻美国带头的对华遏制行为，通过让多边主义变得合乎中国的口味，并且运用中美之间的制约来缓和该地区的地缘政治均势，这已经（至少到今天为止）成功阻止了危害地区稳定的欧洲式的崩溃的发生。换句话说，尽管亚洲的区域组织因为未能赶上欧洲和大西洋的组织而持续遭到西方学者的贬低，它们在应对崛起的中国无疑比欧洲应对俄罗斯做得更好。长期以来，亚洲一直拒绝采取多边集体防御措施，避开北约式的联盟，从而避免对中国形成类似北约扩张给俄罗斯带来的挑衅的局面。北约扩张与欧安组织的集体安全原则（和敌对国的安全合作而非安全防范）相互矛盾。亚洲的地区主义实际上吸收了这一原则，虽未采取其法律化的形式（信心和安全建设措施、高级代表等），却追随其精髓，为中国展现了参与其中的真正前景。即使将北约扩张带来的挑衅放到一边，欧安组织的军事和政治干涉性可能都会加重俄罗斯政权的不安全感，这是东盟地区论坛或其他以东盟为基础的地区机构不可能给中国政权带来的。

近来，有很多讨论将欧盟作为“规范性权力”，也有很多讨论围绕欧盟在全世界（包括亚洲）传播地区主义的规范和进程中发挥的作用展开。但是，欧盟的这一形象存在矛盾之处。欧盟的大多数成员也是北约的成员，后者在所有人眼中都不是民事力量（civilian power）。欧盟的 28 个成员国当中只有 7 个国家不是北约的成员国。打着规范性权力的旗号，同时坚持扩大北约，这让欧盟成员国从两个世界中获得最大好处——对人的安全、和平建设等某些类型的世界秩序问题讲道德政治，同时对关键的国家和地区安全问题推行现实政治。欧盟外交和防御政策前高级代表哈维尔·索拉纳同时兼任北约前秘书长，这一事实至少在欧洲之外的人看来只会进一步强化上述看法。除非能对欧盟和北约的外交政策和安全战略做出有意义的分离，否则在局外人看来，将欧盟作为道德超级大国谈论是没有说服力的。

欧盟和东盟展现了不同类型的政治背景和规范性目的。东盟实际是由相对弱小的发展中国家组成的，其自身安全取决于大国间的竞争情况。因此，东盟的规范性角色反映的是它对维护地区稳定、反对大国主宰和干涉的关心。相反，欧盟成员中有几个是历史上的大国，其作为一个整体也可以自称当代大国。欧盟追求的规范性角色旨在吸引较小的国家——其中很多都有严重的国内问题，这就不可避免地突出了采取干涉措施的必要性。欧盟运用其规范性权力主要是为了影响和重塑其周边和非西方世界的国家和地区机构的偏好和政策。而东盟的规范性角色与其对亚洲大国和国际体系的接触和社会化有关。这解释了为何东盟在面临亚洲金融危机和日益增多的跨国挑战等压力的情况下，却一直很难放弃不干涉内政原则的原因。这也说明下面的说法是非常不具有说服力的：欧盟的地区主义模式和规范性权力一直是东盟塑造最新制度发展（包括东盟宪章及其人权机构）的主要影响因素。

欧盟和世界其他地方的地区主义的差异不应当被夸大。在某些方面，亚洲开展多边外交的路径可能更接近于欧盟而非美国。几年前，在单极时刻处于巅峰状态时，罗伯特·卡根曾指出，欧洲人不同意美国的“死亡文化”——他们倾向于以“善恶相争”的术语看待这个世界、“好战的性格”，以及为了达到国家目标青睐“胁迫”和“单边主义”而非外交和合作手段。在这方面，欧洲人和亚洲人对美国霸权在冷战之后处于巅峰状态时的这些特点有着共同的担忧。亚洲和欧盟成员国（托尼·布莱尔执政时期的英国是例外）都反对小布什时代的美国单边主义。卡根认为，与美国人相比，欧洲人“更能容忍失败，在无法很快找到解决方案时更为耐心”。它们在国际事务中会避开“定局”（finality），更喜欢“磋商、外交和说服”，并且强调“过程胜过结果”。[37]这些评论在亚洲人和其他区域组织当中都能找到共鸣。但是，很清楚的是，欧盟并没有垄断地区主义和地区秩序建立的成功路径。今天，各方越来越认识到，有效的地区合作并不需要遵循源自欧洲经验的单一模式。地区集团及其范围和宗旨的拓展一直不是欧洲模式和路径向世界其他地方的简单扩散模式。

霸权地区主义的重演？

在新兴世界秩序中，地区安全安排（regional security arrangements）是否会继续处于霸权控制之下，这是十分重要的事情之一。欧洲主要的多边安全安排——北约过去和现在一直存在于美国霸权的范围之内，从这个意义上讲，北约一直是“霸权地区主义”最重要的形式。正如东南亚条约组织和中央条约组织的经验已经证实的那样，适应集体防御需要、在大国的安全保护伞下运作的地区安全安排从来不受发展中国家的欢迎。甚至那些被设想获得大型多功能区域组织（比如阿拉伯联盟、美洲国家组织和非洲统一组织 / 非盟）支持的集体安全和防御框架对于确保它们成员的安全都不可靠。在第三世界，“地区安全安排”这一术语总是意味着争端的和平解决而非集体防御。

冷战的结束已经减弱了北约式霸权地区主义的吸引力。在华约迅速走向解体后，北约存在的时间超出了各方对其在后冷战时代会很快走向灭亡的预测范围。但是，为了保障其实用性，相比传统意义上的集体防御角色，北约必须接受与合作型安全组织有更多共同点的角色。假如北约之前并不存在，难以预测今天是否会成立这样的组织。尽管各方对中国军力的增长表示担心，在可预见的未来出现亚洲版北约的可能性都微乎其微。

这就带来了关于地区主义未来的另一个问题：单极状态的终结是否将为地区霸主的出现开辟空间？比如东亚的中国、南亚的印度、高加索和波罗的海地区的俄罗斯、南部非洲的南非、西非的尼日利亚和南美的巴西。米尔斯海默认为，所有胸怀抱负的大国都寻求实现地区霸权，这一目标比全球霸权更有必要和易于实现。[38] 对于米尔斯海默而言，中国是后冷战时代这种地区霸权的明显候选国。[39] 但是，曾经警告称后冷战时代多极化的欧洲将“回到未来”的米尔斯海默在欧洲问题上的认识并不正确，对中国的判断可能还会如此。

今天，几乎没有这种地区霸权出现的迹象。相反，新兴大国面对的关键挑战之一是它们对全球地位的强烈期待和地区合法性之间的差距。所有的金砖国家和很多二十国集团成员都是地区权力的中心。因为领土争端、不平等的经济关系和对霸权主义的怀疑等问题，一些国家（南亚的印度、东亚的中国、高加索的俄罗斯）和它们邻国的关系存在问题。这些地区问题可能将其卷入争端或者拖垮它们，进而影响它们对全球地位和影响力的追求。

而且，一国对“新兴大国”地位的追求可能影响其地区参与程度。为了追求金砖国家和二十国集团的成员身份所能带来的全球瞩目和声望，这些国家总是面临“超越”周边国家的诱惑。东盟的印度尼西亚（二十国集团成员）和（同属金砖国家和二十国集团成员的）巴西就曾经有这样的顾虑。新兴大国面临的挑战是确保它们的全球大国野心不以地区制约和代表性为代价。

新兴大国与其邻国接触时扮演的角色可以宽泛地分为三种风格。第一种或许能被称为霸权式 / 专横式。这种风格在历史上极端的例子是 19 世纪和 20 世纪初西半球的美国门罗主义，以及第二次世界大战时期日本的大东亚共荣圈理念。今天，这一风格可能适用于俄罗斯的“近外国家”理念（Near Abroad，包括东欧、波罗的海国家、高加索和中亚）。不那么极端的版本，即专横但非彻底霸权式的类型，可能适用于印度一直以来在南亚的角色以及过去几年中国在东南亚的角色。尼日利亚在西非国家经济共同体（ECOWAS）的角色可能也是专横式的一种例子。第二种风格或许能被称作“妥协式”。它描述当下巴西、南非和日本所处的地区关系。它们的邻国因为对过往的回忆而依旧担心大国占据地区主导地位。但是，大国通过地区集团开展合作已经在某种程度上安抚了它们的邻国。

第三种地区风格可以被命名为“社群主义”（communitarian）。德国在欧盟的地位和印度尼西亚在东盟的地位是这种风格的例子。在这两种关系中，大国过去都曾侵略过它们的邻国。但是现在，它们却对后者采取高度克制的态度。作为对这种克制的回报，邻国会认可大国的领导地位。比如，印度尼西亚在东盟的角色一直被比作在“金色的笼子”里的鸟。该国对新加坡、马来西亚等较小邻国的克制让后者表现出某种程度上的顺从，它们将印度尼西亚视为东盟中的“同侪之首”。在印度尼西亚与马来西亚的战争结束后，东盟于1967年创立，此后印度尼西亚及其近邻之间从未发生过战争。

19世纪美国骑在近邻头上作威作福、追求全球领导地位的路径（门罗主义）将难以适用于21世纪的新兴大国。地区冲突和复杂性可能扼杀它们对全球领导权的追求。而且，与全球层次主导地区层次的冷战时期不同，在今天的世界，地区层次和全球层次的互动是高度相互依赖的。新兴大国没有它们所在地区集团的支持，可能在扮演全球领导角色时会受到很大限制。

一些新兴大国认识到它们的全球抱负需要某种程度上的地区合法性，它们正在周边地区扮演更具建构性的角色。在非洲，南非的主导地位确实遭到了批评，该国支持的倡议“非洲发展新伙伴计划”在一些地方被视为南非霸权的工具。但是，如果没有南非，非洲统一组织向非盟的过渡可能就无法成为可能。尼日利亚在西非国家经济共同体对利比亚的干涉中发挥的作用引起了其他西非国家的不满，但该国对这次干涉的有限成功对西非国家经济共同体其他的和平行动的影响却十分关键。在南亚，对印度主导地位的担心妨碍了南亚地区合作联盟（SAARC）的发展，但是如果没有印度的参与和支持，就很难看到该联盟任何有意义的进展。同样，印度与邻国的关系在最近几年已经趋于良性。在东亚，尽管中国试图主导区域组织的努力可能意味着出现后者的厄运，但若没有中国的参与，这些区域组织将毫无意义。目前为止，中国在亚洲区域组织的作用一直是负责任的和具有建构性的。

一些人认为，与欧洲相比，东亚是一个更有霸权倾向的地区。欧洲的现代国际秩序一直建立在威斯特伐利亚分权化和均势政治的基础上。亚洲地区霸权已经出现了两个场景。第一个场景假设，作为大国的中国可能追求提高地区影响力并寻求在其临近地区（很可能包括东南亚和中亚）建立影响范围。如前所述，米尔斯海默等西方分析人士已经看到中国追求提高地区影响力的例证，认为在中国的魅力攻势（现已用尽）和中国的门罗主义之间只有一线之隔。

亚洲地区霸权的另一个场景较为温和。如同第三章中提到的那样，来自西方和中国的学者、决策者都已经提出在中国主导之下的和平且繁荣的亚洲景象。

但是，支持两种观点的例子都很少。中国没有按照门罗主义的方式建立将美国排除在外的地缘政治框架，该国意识到了这种方式的局限性和风险。[40]它将美国在亚洲的军事存在作为一种现实加以接受。温和的霸权场景也并不可信。很多亚洲国家，不管它们是像日本和印度那样的大国，还是诸如越南和韩国那样的小国，都没有搭中国的便车，而是小心翼翼地保持警惕。[41]

区域组织数量的激增、它们职能的拓展（既涵盖传统领域，也包括跨国议题），以及地区间主义的不断发展，这些都给新兴世界秩序带来了有益的多样性和领导力，使其不再只是遵循美国单一霸权统治或者欧盟强调法律和集中化的合作模式。正如韦伯和詹特森所言，“让这些（非西方地区）关系非同一般之处在于，它们既不反对也不接受西方的规则——相反，它们在西方规则周围‘挖掘’，进而降低其实用性”。[42] 它们确实让世界显得不再那么以美国为中心，但是这些地区世界远远没有预示全球的碎片化或者地区霸权的崛起，它们可能是 21 世纪维持复合世界秩序的重要基础。

注释

1. Winston Churchill，*The Second World War*，vol. 4（The Reprint Society，1953），p.646.

2. Acharya and Johnston，*Crafting Cooperation.*

3. “About the Program,” at：http://regionalworlds.uchicago.edu/about.html（accessed December 27，2012）；“Area Studies，Regional Worlds：A White Paper for the Ford Foundation,” The Globalization Project，

University of Chicago，p.23；available at：http://regionalworlds.uchicago.edu/areastudiesregworlds.pdf（accessed December 27，2012）.

4. Sita Ranchod-Nilsson，“Regional Worlds：Transforming Pedagogy in Area Studies and International Studies，” p.8；at：http://regionalworlds.uchicago.edu/transformingpedagogy.pdf（accessed December 26，2012）.

5. Arjun Appadurai，in “The Future of Asian Studies，” *Viewpoints*（Association of Asian Studies，1997），p.6.

6. Björn Hettne and András Inotai，*The News Regionalism：Implications for Global Development and International Security*（UNU World Institute for Development Economics Research，1994）. 作为新地区主义路径的基础性文件，这份报告中有关“霸权”地区主义和“自治性”地区主义之间区别的内容（新地区主义至关重要的方面）摘自本书作者的早期作品：Acharya，“Regional Military-Security Cooperation in the Third World：A Conceptual Analysis of the Relevance and Limitations of ASEAN，” *Journal of Peace Research*，29/1（1992）：7—21。新地区主义路径的后期发展可参见 Björn Hettne，András Inotai and Osvaldo Sunkel，*Globalism and the New Regionalism*（Palgrave Macmillan，1999）。也可参见 Mario Telò，*European Union and New Regionalism：Regional Actors and Global Governance in a Post-Hegemonic Era*（Ashgate，2007）。

7. Björn Hettne and András Inotai，*The News Regionalism：Implications for Global Development and International Security.*

8. Amitav Acharya，“The Emerging Regional Architecture of World Politics”（Review Essay），*World Politics*，59/4（July 2007）：630.

9. Acharya and Johnston，*Crafting Cooperation.*

10. Peter J. Katzenstein, *A World of Regions*: *Asia and Europe in the American Imperium* (Cornell University Press, 2005).

11. Hemmer and Katzenstein, "Why Is There No NATO in Asia?"

12. Acharya, "Lessons of Bandung, Then and Now"; Acharya, *Whose Ideas Matter?*

13. Amitav Acharya, "Competing Communities: What the Australian and Japanese Ideas Mean for Asia's Regional Architecture," *PacNet*, 70 (October 27, 2009); at: http://csis.org/files/publication/pac0970.pdf.

14. *EUICSS 2030 Report*, p.125.

15. *NIC 2030 Report.*

16. Clinton, "The New American Moment."

17. Joseph S. Nye, *Peace in Parts*: *Integration and Conflict in Regional Organization* (University Press of America, 1987).

18. Amitav Acharya, "Regionalism: The Meso Public Domain in Latin America and South-East Asia," in Daniel Drache, ed., *The Market or the Public Domain*: *Global Governance and the Asymmetry of Power* (Routledge, 2001), pp.296—318.

19. 更详细的讨论可见 Amitav Acharya, "Regionalism and the Emerging World Order: Sovereignty, Autonomy, Identity," in Shaun Breslin, Chrisotpher W. Hughes, Nicola Philips, and Ben Rosamond, eds, *New Regionalisms in the Global Political Economy* (Routledge, 2002), pp.20—32。

20. Jürgen Ruland, Heiner Hanggi, and Ralf Roloff, eds, *Interregionalism and International Relations* (Routledge, 2006).

21. Ian Bremmer, "Decline of Global Institutions Means We Best Embrace Regionalism," FT.Com (January 27, 2012); at: http://blogs.ft.com/the-a-list/2012/01/27/decline-of-global-institutions-means-we-best-embrace-regionalism/.

22. Marc L. Busch and Helen V. Milner, "The Future of the International Trading System: International Firms, Regionalism, and Domestic Politics," in Richard Stubbs and Geoffrey R. D. Underhill, *Political Economy and the Changing Global Order* (St. Martin's Press, 1994), pp.259—276.

23. World Trade Organization, "Regionalism: Friends or Rivals?"; at: http://www.wto.org/english/thewto_e/whatis _e/tif_e/bey1_e.htm (accessed June 16, 2013).

24. Acharya, *Whose Ideas Matter?*

25. Ross Garnaut, *Open Regionalism and Trade Liberalization* (Institute of Southeast Asian Studies and Allen and Unwin, 1996), p.6.

26. Tom Moylan, "Is Regionalism a Threat to Trade Liberalization?," April 10, 2013; at: http://www.e-ir.info/2013/04/10/is-regionalism-a-threat-to-trade-liberalization/ .

27. World Trade Organization, "Regionalism: Friends or Rivals?"

28. "Regionalism and the Multilateral Trading System: The Role of Regional Trading Arrangements," OECD Policy Brief, August 2003; available at: http://www.oecd.org/trade/benefitlib/8895922.pdf; Moylan, "Is Regionalism a Threat to Trade Liberalization?"

29. Pascal Lamy, "Stepping Stones or Stumbling Blocks? The EU'S

Approach Towards the Problem of Multilateralism vs Regionalism in Trade Policy," *The World Economy*, 25/10（2002）：1399—1413.

30. Shaun Breslin, Richard Higgott, and Ben Rosamond, "Regions in Comparative Perspective," in Breslin et al., *New Regionalisms in the Global Political Economy*, p.13.

31. 地区化不同于地区主义。前者指的是在特定地理范围内跨国生产结构的兴起。在东亚，地区化被定义为一种"市场驱动"的地区主义形式，国家仅发挥协助作用。地区主义是一种更具政治性的概念；它在跨国生产中可能有，也可能没有物质基础。

32. Acharya, *Whose Ideas Matter?*

33. Katzenstein, *A World of Regions.*

34. Acharya and Johnston, *Crafting Cooperation.* 应着重看有关非洲、亚洲和拉丁美洲的章节，以及呼吁以设定目标或基本目标来评判地区组织的结论部分。

35. Acharya, "How Ideas Spread: Whose Norms Matter?"

36. George F. Kennan, "A Fateful Error," *New York Times*, February 5, 1997.

37. Robert Kagan, *Power and Weakness*, *Policy Review*, 113（June/July 2002）; at: http://www.hoover.org/publications/policy-review/article/7107.

38. John J. Mearsheimer, *The Tragedy of Great Power Politics*（W.W. Norton& Company, 2001）, p.402.

39. John J. Mearsheimer, "China's Unpeaceful Rise," *Current History*（April 2006）：160—162.

40. Amitav Acharya, "Beyond the Chinese Monroe Doctrine," *Straits Times* (Singapore)(June 20, 2011).

41. Acharya, "Will Asia's Past Be Its Future?"

42. Weber and Jentleson, *The End of Arrogance*.

THE END OF AMERICAN WORLD ORDER

第六章

共谋的世界

法里德·扎卡里亚（Fareed Zakaria）在他的《后美国世界》一书中指出："在国际关系领域的学者和从业者中，总有一种关于国际和平如何持久和为何持久的主导理论。这种理论认为最稳定的体系是只有一个霸权国的体系，这个霸权国维持秩序。"[1]但是作为一个长期研究国际关系理论并对政策辩论比较了解的学者，我在学术文献或政策文献中，没有发现对这种论断的有力支持，使之至少可以有资格被称作"主导理论"。正如第三章讨论的那样，扎卡里亚一再强调的霸权稳定论由于其种族中心论，以及对世界政治稳定和变化的解释能力有限而受到挑战，不足为信。大家日益认识到国际秩序的创立和维持更加复杂，要依赖更为广泛的行为体和机制。

冷战结束以来，国际关系学者、政策制定者和公共事务评论家对未来的世界政治提出了种种推测。其中的一个初步判断是未来的世界将是一个多极世界，类似于19世纪和20世纪初期的欧洲国际体系。大多数人欢呼冷战的结束，而其他人认为多极会使未来的世界秩序跟欧洲的过去一样，具有大国较量的特点。他们甚至表达了对冷战两极稳定状态的怀念，忽视了发展中国家的地区冲突和人道主义灾难。

1991 年美国领导的多国部队入侵伊拉克，是否能证明多极比两极更稳定的争论很快被围绕“单极时刻”的新辩论取代。一方面，单极时刻的倡导者认为单极是稳定的和持久的。美国需要做的事情就是积极监督和对付潜在的挑战者。然而，单极消失的速度比倡导者预想的要快。最乐观的倡导者估计单极状态会跟冷战一样持久。与此同时，那些认为单极不会持久的人对于其终结方式的判断是错误的。单极状态的终结不是由其他大国的崛起导致的，尽管这是其中一个影响因素，这不是保守的孤立主义，恰恰相反，单极状态本身就孕育了其自身死亡的种子：表现为美国小布什政府的自大和单边主义。单极终结的加速不是因为孤立主义，而是因为冒险主义。

很多关于世界秩序的推测已被证明是错误的。这一点也不奇怪。这些人常常引用欧洲的历史和地缘政治来做例证。但是当今世界正朝着一个没有历史先例的情况发展——地理位置不同的数个国家同时崛起，并定期不断地展开互动。尽管历史上也曾出现大国分布于世界不同地区的情况，它们彼此之间却相对孤立。当下，全球化以及相伴而来的交通通信革命和全球机制的出现使大国作为一个整体彼此互动和影响国际关系成为可能。因此这个世界用传统的以欧洲为中心的“极”的概念来描述不合情理。在“非西方世界崛起”等夸张说法的影响下，等到分析人士认识到这一点时，美国权力的核心信念——自由主义霸权秩序的理念将卷土重来。

从这个视角来说，美国可能在衰落，但美国创立的自由秩序或自由霸权秩序将会持续，甚至会接纳新的挑战者，包括中国。这种视角尽管很实用地凸显了美国霸权的仁慈方面，但存在重要瑕疵。它以夸张的视角看待自由主义霸权秩序的范畴，掩盖了它更黑暗的一面，这一秩序的黑暗面甚至在“9·11”事件之前就使该秩序遭到有力抵制。这种视角不大承认其他国家和跨国社会运动在构建国际和地区合作方面的作用。

我在本书中给出了即使美国能从目前的经济衰退和合法性危机中恢复过来，未来的世界秩序也不可能是美国领导的自由主义霸权秩序的若干论据。即使美国本身没有衰落，美国主宰世界的程度也在下降。由此产生的世界秩序不会狭隘地反映美国的利益和价值，也不是美国的、霸权的或者自由主义的秩序。

那么，什么会取代美国建立的世界秩序呢？回答这样的问题注定是推测性的。但是复合世界的理念体现了单极时刻消失之后可能出现的两种秩序路径。第一种可被称为全球协调模式，第二种是地区世界模式。

协调理念认为大国在管理国际秩序方面肩负特殊的责任。尽管大国之间的关系在一定程度上仍然是竞争性的，它们在维护国际稳定方面形成了共同的利益。为此，它们建立规则和制度并展开互动，这不仅减少了彼此间的竞争，而且总体上管理了影响国际体系运作的其他冲突。因此，虽然协调与单个大国的霸权的性质不同，它本质上也是一群大国的集体霸权。

在新的全球协调中，美国需要与新兴大国共享权力和权威。这就要求美国为了国际体系的运转，放弃一些特权，以求得到新兴国家的信任与合作。美国与新兴国家的关系是任何可能的协调体系的重要组成部分。

协调模式虽然不是没有问题，但比起“非西方世界崛起”这样一些夸大其词的说法似乎更有道理。“非西方世界崛起”的说法认为，美国和西方的主导地位正在走向终结，新兴大国将扮演全球治理中的领导地位的角色。但新兴大国还没有达到这样的地位。新兴大国可能拥有不断增长的物质力量（经济和军事方面的），但它们自身也存在合法性赤字和权威局限性的问题。它们在全球治理中的领导力受到国内不稳定和某些情况下地区合法性缺失的掣肘。新兴大国不是要取代传统大国，只有把新兴大国置于地区背景中，才能更好地理解它们：它们能扮演的全球角色是由它们各自所在地区的事件和联系程度决定的。

新兴大国既不代表又未穷尽替代性治理或后霸权治理的可能性。美国和国际社会需要用开阔的视野看待谁是“新兴大国”，而不只是聚焦金砖国家。

与此同时，守成大国和新兴大国间的全球协调理念面临三个主要挑战。第一，新兴大国本身不是有内聚力的组织——它们受到彼此之间冲突的困扰（如中印之间的问题），也在全球机制改革方面存在分歧（如联合国安理会的扩大）。第二，协调需要在意识形态方面有一些共通之处，但新兴大国之间缺乏这些，而且守成大国和新兴大国之间也缺乏这些。第三，协调本质上是一个大国俱乐部。弱国被边缘化了，至多也只是起次要作用。当人们谈论协调时，他们常常想起的是 19 世纪的欧洲大国协调机制。这个体系起初运转得不错，但后来衰落了，1854 年的克里米亚战争使这个体系最终崩溃了。与 19 世纪不同，今天的国际政治要求更高水平的透明度、问责制、民主宪法和管理。过时的协调模式不能提供这些东西。这个问题因为以下事实而更加糟糕：新兴大国对全球南方国家阵营有潜在的分裂影响，而它们与老牌大国建立的俱乐部（如二十国集团）本身就有合法性问题。这些新兴大国被看作全球金融卡特尔的成员。

第二种世界秩序模式是地区世界的视角，它更符合多厅影院的比喻。这种地区主义不一定取代普遍主义，但它是通向普遍主义的阶梯。

冷战期间，美国有选择地支持地区层次上的多边主义，在欧洲鼓励多边主义，在亚洲则偏好双边主义。反抗殖民主义或追求不结盟的地区主义运动要么被忽视，要么遭到反对。因此，美国世界秩序的终结可能给世界上的地区、地区秩序和地区主义开辟更自主发展的空间吗？这样的秩序看上去怎样呢？这些多样的地区主义会如何建立联系呢？

美国领导的自由主义秩序的奠基人如罗斯福总统并不相信地区主义，他把它等同于竞争性的地缘政治集团。自由主义世界秩序的一些当代支持者也很担心同样的问题。但是，正如第五章讨论的那样，地区主义和地区秩序的性质和目的自第二次世界大战以来已经发生了根本性改变。今日的地区主义更宽广、包容、开放和具有互动性。因此，这可能正是美国更密切地、更有意义地接触地区集团的大好时机。它与自由主义者担心的那种狭隘过时的、19世纪以来的地区主义概念迥然不同。

新型地区主义已经出现，一些是正式的和制度化的，比如欧盟，还有一些是非正式化和非条文主义的，如东盟。地区组织承担了很多新的角色，超越了诸如贸易自由化和冲突管控的传统功能。如今，它们开始参与和处理跨国问题，比如气候变化、人道主义援助和干涉及金融合作。新兴世界秩序的一个关键性转变可能是地区秩序不再那么适合服务于美国的权力和目的[2]，而更多地反映了本地行为体的利益和身份。这并不是说会出现一个替代性的地区霸权，如中国在亚洲的地区影响力。这不可能成为现实。中国就军事能力和作为公共产品的提供者而言存在严重的不足。它缺乏的不仅是有吸引力的意识形态，还有对邻国在地缘政治方面的充分约束力，这就限制了它获得地区合法性。尽管最有可能出现的非霸权的地区主义形式不能解决所有的全球问题，但没有地区层面的行动和反应，重要的问题都不能解决。多样的地区世界能很好地提供世界秩序的重要基础。

承认地区的世界并不意味着忽视像联合国这样的全球机构。事实上，地区主义能够加强联合国的作用。进一步推动地区主义可以使联合国的改革任务更加紧迫和可能。对美国来说，更多的地区参与能让它在借助北约等正式联盟或亚洲双边条约之外分摊出去更多的责任。例如，通过更密切的地区接触，美国可以利用地区路径更好地处理很多跨国危险。而且，地区秩序建设的路径也将帮助美国应对新兴大国。很多新兴大国主要是地区强国。因此它们采用不同的方式来和邻国打交道。美国和其他崛起大国可以鼓励和帮助这些地区的行为体和新兴大国如印度尼西亚和韩国在地区和平与稳定中发挥积极作用，同时，通过广泛的地区接触，它们也可以约束那些对邻国采取胁迫态度的国家。实际上，这样的路径已经体现在美国的东亚政策和它对其他地区政策的变化上。

不过，全球秩序的纯地区视角有它的局限和风险。不同地区组织在组织结构、合法化和解决集体行动问题的能力上存在很大差异。人们不可能把一些在崛起大国势力范围内的地区组织排除在外。为了保持开放并对联合国体系构成补充，地区主义需要和全球机构的改革相配合。如果全球机构因缺乏改革和民主化而受到严重削弱，这会导致地区主义取代普遍主义而不是作为普遍主义的组成部分。

毋庸置疑，不仅是美国，新兴大国和地区行为体都需要重新定义和调整它们的角色，以维持后霸权的复合世界。对美国而言，这意味着分享而非垄断权力——一定程度上美国可以通过让其长期垄断的多边机构变得更为民主来实现。所谓新兴大国不应该在没有贡献的情况下要求获得认可。它们需要在维和与发展援助中发挥更大的作用来支持世界秩序的建立，并且对它们的地区邻国显示更大的克制力量。地区组织应该被赋予更多的资源和最佳实践的分享经验，且同时保留在开放地区主义和合作安全的框架中。欧盟、东盟、非盟和美洲国家组织等应该起领导作用。联合国安理会至少应该以非正式的方式把更多的权威让渡给地区组织。

对于那些担忧在二十国集团类型的协调模式中出现全球精英主义风险和在地区世界框架中存在碎片化可能性的人来说，也许可以设想一种在协调模式和地区世界模式之间的混合体。这正是复合世界理念的内容。在一个复合秩序中，守成国和新兴大国会更好地理解新兴大国的地区背景，并与地区机构和行为体建立更为密切的联系。有很多方式可以做到这一点。守成大国与崛起大国应该在不同的地区组织之间举行高水平的会议和对话，把它们的一些双边援助投入地区组织来提供能力建设援助，合适的话，甚至可以在世界各地的地区组织中寻求成员地位——至少是观察员地位，并且对地区对外部干涉的担忧要敏感。同时，和经典的欧洲协调不太相似的是，复合的世界秩序对弱国需要更包容且能作出更积极的回应，这样才能让这一秩序享有更大的合法性。[3] 与协调不同，复合秩序并不边缘化弱国，相反，强大的行为体尊重弱小行为体的自主性，并与它们合作去更好地管理秩序。复合秩序是一个多元文化世界的政治秩序。它依赖于政治和经济的相互联系和制度安排。复合秩序不是依靠单个行为体来构建的，而是通过多个行为体和机制的权力或目的来实现。这就提出了另一个更重要的问题。美国的世界秩序的终结对任何人来说都是件好事吗？

"在美国衰落的时代，世界呈现何种面貌?"是布热津斯基在一篇评论中的标题。他的回答是"危险的不稳定状态"。[4]自由主义者担忧出现20世纪30年代那样的重商主义、地区集团和双边条约的世界。[5]大多数评论家——现实主义者和自由主义者——相信美国的衰落将预示着危险世界的到来。他们关于美国必须保持世界首要地位的观念根深蒂固，一个关键的标志是，大多数关于美国在世界地位和作用的分析，甚至是那些接受美国可能衰落的分析，最后开出的药方常常是告诉美国决策者如何扭转美国的危机，维持或加强它相对于崛起大国的首要地位。扎卡里亚在《后美国世界》一书中的观点，主要是基于下列人物的话语：富兰克林·罗斯福（Franklin Roosevelt）、罗纳德·里根（Ronald Reagan）、约翰·麦凯恩（John McCain）、丹尼尔·帕特里克·莫伊尼汉（Daniel Patrick Moynihan）、蒂普·奥尼尔（Tip O'Neill）、科林·鲍威尔（Colin Poweu）、米特·罗姆尼（Mitt Romney）、鲁迪·朱利安尼（Rudy Giuliani）、卢·多布斯（Lou Dobbs）和汤姆·坦克维多（Tom Tancredo）。[6]他开门见山就说，"这本书不是探讨美国衰落而是其他地方的崛起"，这样的矛盾表述情有可原。我们可以从他的整个语气，特别是在书末给美国领导人提出的"六条方针"，把这句话更准确地转述为下面的说法："这不是一本关于美国衰落的书，而是如何保持美国老大地位、击败竞争对手的书。”

如果能以平衡的方式叙述美国在过去的“美国世纪”里在世界中发挥的作用，强调美国的好处和贡献，同时也承认美国的放肆和局限性，那些旨在恢复美国在世界事务中的威望和影响力的种种建议会更加有用。对美国不用太多溢美之词，承认其他行为体（包括欧洲国家、非西方国家和跨国社会运动）在世界秩序塑造中的贡献并不会招来其他人的讥讽或不敬。它实际上可能会带来对未来美国权力在世界政治中作用的更多尊重和合法性。

通过承认自由主义秩序范畴的限度，理解民族主义、地区主义的作用和世界不同地区安全政策和变化动力的文化基础，美国也能够推动更具包容性的多边主义路径，超越目前以美国为中心的叙述。正如韦伯和詹特森指出的那样：

> 大多数人不再相信美国的世界秩序被取代之后会出现混乱。该秩序的规则和规范引发了比以前更为广泛和深入的辩论。围绕该秩序还可以看到一种相对较新的现象——以其自身独特的规则、制度和关系作为标识的一个没有西方国家的世界。人们不再认为公平社会的最佳模式是美国模式这种论述是理所当然的。[7]

世界上的其他新旧强国和不同地区组织有它们自己对本土和国际秩序的定义和视角。地区主义不仅在欧洲而且在其他地区日益重要，呈现出多种发展模式和路径，这是美国的世界秩序终结的另一个标志。这些不同的世界有强烈动机去合谋，而不只是冲突。

而且，有充分的理由说明为什么美国和它建立的霸权秩序的衰落可能对美国自己也是件好事。本书前面讨论的最可信的推测表明，美国仍将是21世纪世界的主要力量，但不会再独霸在军事、经济和外交方面的主导地位。这种局面最明显的好处就是重蹈小布什时期超级单边主义（hyper-unilateralism）的机会将减少，这种单边主义对美国国际声誉和国内经济活力造成了损害。美国寻求多边主义并不是出于宽宏大量和慈善，而是纯粹为了分摊负担的需要。在美国被迫为其全球受尊敬大国地位奋斗的状态下，更谦逊和多边的美国外交政策也可能吸引更广泛的支持，并赋予美国的领导地位更多合法性。美国将更愿意去接受非西方世界的崛起，并与它们和地区机构合作来应对全球挑战。衰落甚至可能会动摇美国的国内政治，使其更容易妥协和达成共识。

与美国衰落的概念一样，美国霸权重构的图景是不准确的和不确定的。但有一件事情很清楚：当前世界秩序的不确定性的答案不是要去恢复美国的霸权。世界可能不会再看到类似于以前在英国和美国全球治理下的由单个大国主宰全球的情形，后霸权时代的全球治理和秩序将取决于多个行为体和跨领域的驾驭者。

未来的世界秩序不会没有竞争、冲突和暴力。但是这并不一定意味着当美国主导的自由主义霸权秩序衰败时，秩序和合作就崩溃了。这种观点不仅忽视了冷战期间美国的世界秩序在物质和规范程度上的局限性，也忽视了美国是在有选择性地、自利地运用它的原则和制度，忽视了美国领导力中的强制因素（有一致同意因素），以及其他行为体对全球和地区秩序建设的贡献。这种过度以美国为中心看待世界秩序的实际危险就是看不到全球和平与繁荣中的其他行为体、工具和形态。世界秩序是由什么构成的，谁是它的创造者和破坏者，什么条件支撑或损害了它，对这些问题的更宽泛认识早就应该完成了。

世界秩序不仅取决于美国如何认知和协调与其他地方的关系，而且依赖于其他地方如何认知和应对美国权力。新兴大国或地区机构常常想要按照不会造成动荡、更有利于地区和全球和平的方向来塑造美国政策。这种因素不是基于均势逻辑，也不是基于自由价值共同体。它可能源于一种与美国和世界保持和平的愿望，也可能源于一种信念：全球的和平与安全并不只是美国的责任，美国需要其他地方的建议和帮助。东盟成员就是例证，它们既担心中国的崛起，又担心美国遏制战略的负面后果，故而同时接触该地区和世界的所有重要大国，这样可以引导大国进行战略克制，对彼此的行为负责。按照自由主义霸权理论，和平取决于霸主如何根据它自己的利益和价值观组织世界，取决于它拟定的其他国家加入俱乐部的条件。然而，其他行为体（包括新兴大国）同化霸权行为体（特别是不再能通过绝对命令统治的行为体）去接受它们推动和平与稳定的规范和制度的方式也能塑造全球秩序。当世界可能不再惧怕美国的时候，这种思考和视角会更具可能性。[8]

我们应该从四个维度来认识过去和兴起的世界秩序：高度、长度、深度和时间。例如，当说到高度或权力时，关于后冷战时代的很多辩论——如单极时刻、单极幻想和单极稳定——主要是基于物质力量分配的变迁，包括两极的终结或单极时刻的兴衰。尽管权力分配很重要，但它几乎不能抓住今天世界政治的复杂性。长度问题也很重要。自由主义霸权秩序的理念忽视了世界政治中地区的作用和地区性的秩序建构；但地区正在成为世界政治冲突和合作的重要场所。深度问题不仅展示了美国领导的品质，而且展示了新兴大国的领导潜力和合法性。缺乏时间感造成的结果是，将欧洲的过去和世界的未来相比拟，甚至当欧洲的过去和 21 世纪的全球和地区变化动力几乎不存在相似度时也拿来作比较，这是令人高度质疑的。四维视角比自由霸权秩序的主导理念给人们提供了一个更广阔、更全面和更长远的世界秩序图景。

注释

1. Zakaria，*The Post-American World*，p.242.

2. Katzenstein，*A World of Regions.*

3. 我在此处采用了自己有关“协和式安全秩序”（consociational security order）的观点。“协和式安全秩序”及其在亚洲安全秩序中的运用详见 Amitav Acharya，“Power Shift or Paradigm Shift：China's Rise and Asia's Security Orders，” *International Studies Quarterly*（2013）。

4. Zbigniew Brzezinski，“After America，” *Foreign Policy*（January-February 2012）；at：http://www.foreignpolicy.com/articles/2012/01/03/after_america.

5. Ikenberry，*Liberal Leviathan*，p.310.

6. Zakaria，*The Post-American World.* 正如《经济学人》杂志在评价该书时所指出的那样：“作者在文中称赞的大约 36 位当代思想家，大多数人不仅来自美国，而且还位于连接波士顿、纽约和华盛顿的东北走廊地带。” “The Rise of the Rest，” *The Economist*（May 22，2008）.

7. Weber and Jentleson，*The End of Arrogance.*

8. Thomas L. Friedman and Michael Mandelbaum，*That Used to Be Us*（Farrar，Straus and Giroux，2011）.

图书在版编目(CIP)数据

美国世界秩序的终结/(加)阿米塔·阿查亚(Amitav Acharya)著;袁正清,肖莹莹译. —上海:上海人民出版社,2016
书名原文:The End of American World Order
ISBN 978-7-208-14159-9

Ⅰ. ①美… Ⅱ. ①阿… ②袁… ③肖… Ⅲ. ①国际关系-研究 Ⅳ. ①D81

中国版本图书馆 CIP 数据核字(2016)第 261286 号

责任编辑 王 冲
封面设计 零创意文化

美国世界秩序的终结
[加]阿米塔·阿查亚 著
袁正清 肖莹莹 译

出 版 上海人民出版社
(200001 上海福建中路 193 号)
发 行 上海人民出版社发行中心
印 刷 常熟市新骅印刷有限公司
开 本 635×965 1/16
印 张 12.25
插 页 4
字 数 104,000
版 次 2017 年 1 月第 1 版
印 次 2018 年 9 月第 2 次印刷
ISBN 978-7-208-14159-9/D·2951
定 价 38.00 元

The End of American World Order

by Amitav Acharya

The End of American World Order

was originally published in English in 2014.

This edition is published by arrangement with Polity Press Ltd., Cambridge